GRAMMAIRE MUSICALE.

PARIS. — IMPRIMERIE ÉDOUARD PROUX ET Cⁱᵉ, RUE NEUVE-DES-BONS-ENFANS, 3.

GRAMMAIRE
MUSICALE,

OU

INTRODUCTION A TOUS LES SOLFÉGES;

OUVRAGE INSTRUCTIF ET AMUSANT,

INDISPENSABLE AUX MÈRES DE FAMILLE,

AUX COLLÉGES, ÉCOLES NORMALES, ÉCOLES PRIMAIRES, COUVENS ET PENSIONNATS;

PAR

J. MARTIN D'ANGERS,

Maître de chapelle de la Paroisse royale de Saint-Germain-l'Auxerrois,
Professeur et organiste au Collége royal de St-Louis.

———❦———

Paris,

AU BUREAU CENTRAL DE MUSIQUE,

95, RUE RICHELIEU.

———

1847.

PRÉFACE.

Ce petit livre n'est point écrit pour les princes de la
science ; il s'adresse particulièrement aux mères de famille qui veulent faire, ou tout au moins surveiller l'éducation musicale de leurs enfans ; aux instituteurs primaires qui cherchent, pour leurs écoles, un guide sûr et
facile ; aux professeurs de solfége qui aiment à suivre
une marche méthodique, mais non pédantesque ; enfin
aux gens du monde qui désirent s'instruire en s'amu-
sant. On ne trouvera donc point, dans cet opuscule, ce
bagage d'érudition qu'il est si facile d'acquérir quand on
a la patience de feuilleter tous les traités algébriques
qu'on a jugé convenable d'écrire sur l'art musical. C'est
encore en vain qu'on y chercherait ces phrases à perte de
vue qui toujours tiennent la place d'idées lumineuses,
qui éblouissent sans impressionner, étonnent sans con-
vaincre.

Je n'ai point la prétention d'avoir fait du nouveau,
d'avoir reculé les bornes de la science.

Mon seul but a été d'éclairer une route obscure, de
tout simplifier, de tout analyser. Je n'ai pas craint de

descendre dans les plus minutieux détails de l'enseigne-
ment ; d'avoir recours aux comparaisons les plus vulgaires pour rendre ma pensée plus saisissable, pour
mettre, en un mot, la musique à la portée de tout le
monde. L'*utile dulci* d'Horace m'a toujours séduit : j'ai
voulu le mettre en pratique.

La fable aide souvent à faire passer bien des vérités ;
puis, si les préceptes vous sont présentés sous une forme
attrayante, encadrés dans des récits amusans, vous n'a-
vez plus envie de vous fâcher contre votre professeur ;
il vous éveille au lieu de vous endormir.

C'est la loi que je me suis imposée ; reste au public
à juger si je l'ai bien observée.

J. MARTIN D'ANGERS.

CATÉCHISME MUSICAL,

ou

LA MUSIQUE SANS PROFESSEUR.

PREMIER ENTRETIEN.

SOMMAIRE : Définition de la musique. — Du son qui n'est qu'un bruit et du son musical. — Alphabet de la langue des sons, — Gamme ou échelle diatonique. — Ton. — Intervalles naturels de la gamme. — Écriture musicale. — Figures de note ; leur valeur intrinsèque et relative. — Point d'accroissement. — Triolets et sextolets.

Déride un instant ton front sévère, âpre critique ; songe que tu t'adresses à la plus belle moitié de l'espèce humaine : que ton langage soit tendre comme la rosée du matin, délicat comme le cœur et les oreilles de tes lectrices.

Jeunes mères de famille, je viens m'entretenir avec vous de l'éducation musicale de vos charmantes petites filles ; je viens vous apporter des conseils pratiques, fruits d'une longue expérience : puissé-je être assez heureux pour vous intéresser et concourir au bonheur de vos chères élèves !...

Une mère ! n'est-ce pas la plus excellente de toutes les maîtresses ? Où trouver plus de soins empressés, de sollicitude, de persévérance ? Quel professeur s'attachera comme elle à ses disciples ? Quel ami dévoué leur distribuera d'aussi sages enseignemens ? J'ambitionne cet honneur, aimables lectrices ; je le regarde même comme un devoir sacré ; car je suis monté sur la brèche au nombre des défenseurs zélés de la musique en France : l'ennemi nous attend sur les murailles ; mais si j'enlève d'assaut votre suffrage, si vous daignez seconder mes frères d'armes de tout votre pouvoir, nous entrerons facilement dans la place et bientôt notre drapeau flottera sur les remparts !...

Le souvenir de ma bonne mère me soutiendra dans ces luttes corps à corps avec l'indifférence musicale des rançais : je me rappellerai toujours qu'elle me berçait au bruit des chansons populaires et que, grâce à sa voix séduisante, lorsque j'étais encore bien jeune, j'aimais déjà passionnément ce langage des âmes sensibles. D'ailleurs la propagande est mon lot ; j'ai fait vœu de convertir ces infidèles et, jusqu'à mon dernier souffle, je crierai sur les toits ; peut-être qu'à la fin les sourds entendront ceux qui prêchent le règne glorieux du plus puissant des arts.

Aimables lectrices, pardon : je me croyais encore dans l'arène, la lance au poing, l'œil au but... Que j'ai de peine à dépouiller le vieil homme, à mettre l'arme au repos !... Allons, mon ami, fais-toi violence ; efforce-toi d'être gracieux ; ce n'est pas ton péché d'habitude...

Petits enfans, écoutez attentivement votre mère quand elle vous donne des leçons de morale ou de musique : la dernière est à la première comme la *Fable* est à la *Vérité* : son charme adoucit les sentences sévères, fait goûter les préceptes rigides et réjouit l'âme en flattant l'oreille.

Jeunes mères de famille, je vais essayer de vous tracer un itinéraire sûr et facile, de vous placer de nombreux jalons, de vous *apprendre* à enseigner. Savoir pour soi ou pour les autres sont deux choses bien différentes. Pour que mes leçons soient fructueuses, permettez-moi de vous parler comme je le ferais à vos jeunes filles, c'est à dire en appuyant sur tous les mots du vocabulaire musical, en analysant leurs acceptions diverses, en expliquant ce qui semble obscur, au moyen de comparaisons vulgaires. Je ne m'adresse point aux musiciens savans ; donc je puis me faire petit pour être compris plus sûrement.

La première condition pour bien entendre une langue, c'est de connaître ses règles : commençons donc par l'A, B, C...

D. Qu'est-ce que la musique ?

R. C'est le langage des sons.

— Qu'est-ce qu'un son ?

— Tout ce qui frappe l'oreille.

— Y a-t-il plusieurs espèces de sons ?

— Oui.

— Combien ?

— Deux : le son qui n'est qu'un bruit et le son musical.

— Qu'entend-on par bruit ?

— Tout son que l'oreille perçoit sans en apprécier ni l'élévation ni l'abaissement, et qu'on ne peut imiter ni avec la voix, ni avec aucun autre instrument de musique.

— Qu'entend-on par *son musical ?*

— Celui que l'oreille peut apprécier et qui est susceptible d'être imité soit avec la voix, soit avec tout autre instrument de musique.

— Combien y a-t-il de sons musicaux ?

— Sept.

— Quels noms leur a-t-on donnés ?

— Ceux de : *do, ré, mi, fa, sol, la, si.*

— C'est donc là ce qui constitue l'alphabet musical ?

— Oui, ces sept syllabes sont comme les *lettres* de la langue des sons.

— Et que produit cette succession de sons musicaux ?

— Elle produit la *gamme diatonique*, qui renferme elle-même le principe de toute la musique.

— Mais n'a-t-on pas besoin d'un huitième son pour compléter la gamme ?

— Oui, l'on ajoute un *do* à la suite du *si ;* ce *do* n'est que la répétition, le synonyme du premier : il sert de repos au haut de l'échelle comme l'autre en bas.

— Pourquoi donc comparez-vous la gamme à une échelle ?

— Parce qu'on la monte et qu'on la descend par échelons.

— Ne peut-on pas encore l'assimiler à un escalier ?

— Oui, puisqu'elle se compose de degrés.

— Tous ces degrés sont-ils à une égale distance les uns des autres ?

— Oui, à l'exception de deux : dans la gamme déjà connue, le premier degré est à la même distance du second, que le second du troisième, que le 4ᵉ du 5ᵉ, que le 5ᵉ du 6ᵉ, que le 6ᵉ du 7ᵉ.

— Et comment nomme-t-on chacun de ces intervalles égaux ?

— On les nomme *ton.*

— Le ton exprime donc la distance qu'il y a entre deux notes conjointes, qui se touchent ?

— Oui ; seulement il y a deux tons moitié plus petits que les autres, qui se trouvent placés du troisième au quatrième degré et du septième au huitième. On les nomme *tons*, comme les premiers, parce que qui dit *ton* dit *intervalle* primitif : or ils forment des intervalles comme les autres ; seulement, par le fait, ils ne sont que des *demi-tons.*

— Rendez cette vérité plus sensible par une comparaison bien simple.

— Supposons que dans un escalier quelques marches soient moins hautes que les autres, en sont-elles moins des marches ? Non : mais si vous élevez moins le pied pour monter celles-là, vous éleverez moins la voix pour monter ceux-ci.

— Pourquoi appelez-vous la gamme-modèle *gamme diatonique ?*

—Parce qu'elle procède par tons, comme nous venons de le voir. *Diatonique* vient de deux mots grecs : διά, par, et τόνος, ton.

— Mais vous avez parlé d'*intervalle primitif* : il y en a donc d'autres ?

— Certainement ; il en est de la gamme comme d'un escalier ; il y a un espace différent entre la première et la seconde marche, entre la première et la troisième, entre la première et la quatrième, ainsi de suite.

— Quels noms a-t-on donnés à ces divers intervalles ?

— Les noms tirés de la position respective des degrés ;

Ainsi on nomme seconde l'intervalle de *do* à *ré* ; troisième ou *tierce* celui de *do* à *mi* ; quatrième ou *quarte* celui de *do* à *fa* ; cinquième ou *quinte* celui de *do* à *sol* ; sixième ou *sixte* celui de *do* à *la* ; septième celui de *do* à *si* et huitième ou *octave* celui de *do* à *do*.

— D'où vient le mot *octave ?*

— Du latin *octava* qui signifie : *huitième*.

— Écrit-on la musique au moyen des syllabes *do, ré, mi, fa, sol, la, si,* comme on écrit les langues ordinaires avec des lettres ?

— Non : on l'écrit avec des *figures de notes.*

— Qu'est-ce qu'une *note ?*

— C'est le signe visible du son, sa traduction exacte sur le papier.

— Ces figures sont-elles nombreuses ?

— Il y en a sept.

— Leurs noms ?

—Ronde 𝅝 blanche 𝅗𝅥 noire ♩ croche ♪

double-croche ♬ triple-croche 𝅘𝅥𝅰 et quadruple-

croche 𝅘𝅥𝅱

— Pourquoi tant de figures ?

— Pour exprimer différentes durées, et varier à l'infini le rhythme musical.

— Ces durées sont-elles exactes ; sont-elles soumises à des lois sévères ?

— Très sévères.

— N'ont-elles qu'une valeur *intrinsèque*, qui ne change jamais, ou si elles ont encore une valeur *relative ?*

— Elles ont les deux.

— Expliquez cette singularité.

— Chaque figure, indiquant une durée différente, elles conservent toutes et toujours une valeur intrinsèque, les unes par rapport aux autres ; mais, prises séparément, elles présentent une durée relative qui doit varier suivant le degré de lenteur ou de vitesse qu'on donne à un morceau de musique.

— Très bien : ceci rentre dans le domaine des *mouvemens* dont nous parlerons plus tard. Mais, dites-nous, il n'y a donc pas de différence, en musique du moins, entre le mot *durée* et le mot *valeur ?*

— Non, l'un implique l'autre ; c'est tout un.

— Ceci vous prouve combien il est urgent de ne rien laisser passer ; de tout soumettre au creuset de l'analyse et de l'étymologie ; car le vocabulaire musical est bien pauvre, et grand nombre de ses termes techniques embarrassent les élèves en raison de la multiplicité de leurs acceptions si diverses. Il faut donc prendre à tâche de nous rendre compte de tout : c'est le seul moyen de marcher hardiment dans la pratique. — Continuons notre entretien. Quelle est la figure de note qui a le plus de valeur ou de durée ?

— C'est la ronde.

— Comment la considère-t-on ?

— Comme *unité*, c'est à dire comme n'étant point la division d'autres espèces de notes et pouvant être elle-même divisée en plus ou moins grandes parties.

— Dites les valeurs des autres figures ?

— La blanche vaut la moitié de la ronde ; la noire la moitié de la blanche ; la croche la moitié de la noire ; la double-croche, la moitié de la croche ; la triple-croche la moitié de la double croche, et la quadruple-croche la moitié de la triple-croche ; ou bien, si l'on veut, la ronde vaut deux blanches ou quatre noires

ou huit croches ou seize doubles-croches ou trente-deux triples-
-croches ou soixante-quatre quadruples-croches.

— Il est bien entendu, n'est-ce pas, qu'en disant : la ronde *vaut* deux blanches ou quatre noires, c'est comme si l'on disait : la ronde *dure* autant que deux blanches, autant que quatre noires, etc?

— Oui, vous nous avez déjà fait faire cette importante remarque.

— N'a-t-on pas trouvé moyen, pour varier plus encore le rhythme musical, d'augmenter la valeur de chacune des figures de notes?

— Oui.

— Quel est ce moyen?

— On place devant la note un petit point qui l'augmente de la moitié de sa valeur et qu'on nomme pour cela même : *point d'accroissement.*

— Que vaut une ronde pointée?

— Elle vaut trois blanches, deux pour elles et une pour le point.

— Que vaut une blanche pointée?

— Trois noires, par la même raison.

Ce procédé, appliqué à toutes les figures de notes, offre un résultat absolument semblable.

— Mais n'est-il pas possible de mettre plusieurs points à la suite les uns des autres?

—C'est très possible; on en met souvent deux, quelquefois trois.

— Alors, une ronde doublement pointée vaudra quatre blanches?

— Non, elle ne vaudra que trois blanches et une noire.

— Comment cela?

— Parce que le point, prêtant toujours moitié plus de valeur à la note qui le précède, supposez, à la place du premier point, une note de la valeur de ce point, cette note *idéale* ne devra être augmentée que de moitié par le point suivant : donc, si une ronde est doublement pointée, le premier point vaudra une blanche et le second point une noire.

— Sauriez-vous prouver qu'une blanche, par exemple, armée de *cinq* points et même d'un plus grand nombre, ne pourrait jamais atteindre la valeur d'une ronde si l'on n'ajoutait, après le dernier point, une note de la valeur de ce point?

— Oui, par l'espèce de figure géométrique que voici :

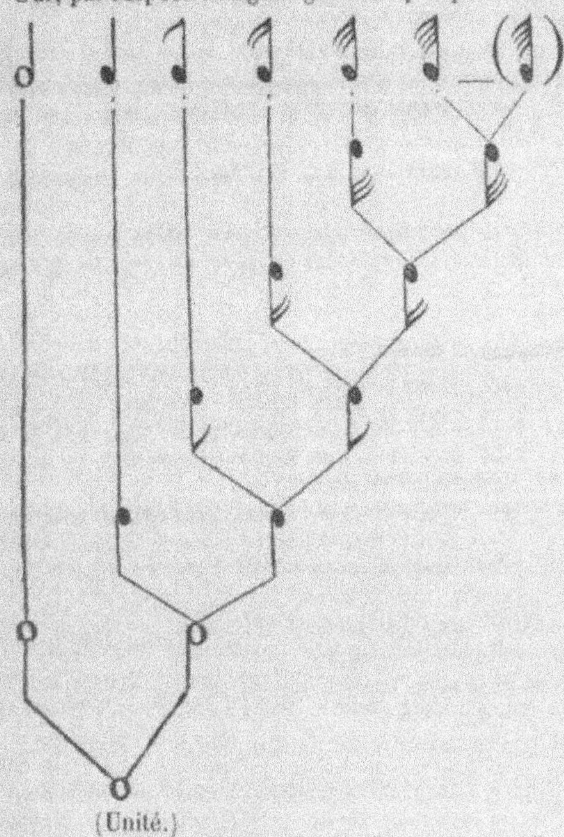

(Unité.)

Si l'on n'eût pas ajouté une quadruple-croche après le dernier point qui représente cette même valeur, la blanche, *quintuplement* pointée, eût toujours valu un soixante-quatrième de moins que la ronde, c'est à dire qu'elle n'aurait offert que la durée de soixante-trois quadruples-croches au lieu de soixante-quatre.

— Maintenant que nous connaissons le moyen d'augmenter la valeur des notes, apprenez-nous (s'il existe) celui de les altérer dans leur durée.

— Pour obtenir ce résultat il faut avoir recours aux *triolets*.

— Qu'est-ce qu'un *triolet ?*

— Un *triolet* ou *triade* est un groupe de trois notes de même espèce qui s'exécutent dans le même temps que deux notes de cette même espèce : c'est pour cela qu'on le nomme aussi : *trois pour deux.*

— Donnez un exemple ?

— Trois noires qui se passent dans le même temps que deux

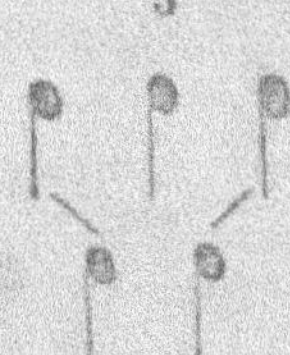 noires, trois croches dans le même temps que deux croches. 

— Complétez l'explication.

— Pour que trois figures semblables s'exécutent dans le même temps que deux autres figures pareilles, on est obligé d'altérer chacune des deux premières pour composer la troisième, et voilà ce qui donne un tout autre caractère au rhythme, ce qui l'enrichit immensément.

— N'existe-t-il pas aussi des *sextolets* ou *six pour quatre ?*

— Oui ; c'est tout simplement la réunion de deux triolets, de même qu'un *neuf pour six* est un faisceau composé de trois triades.

Ici se terminera notre premier entretien.

Le second commencera par l'explication des silences qui, comme les notes, jouent un grand rôle dans l'écriture musicale.

Je n'ai qu'une seule crainte, aimables lectrices, c'est de trouver plus de plaisir à vous parler que vous à m'entendre.

Si je n'écoutais que mon zèle, j'irais d'un seul trait, depuis l'*alpha* jusqu'à l'*oméga* de la grammaire musicale ; mais nous arriverons plus sûrement et moins fatigués en nous arrêtant à plusieurs étapes. J'allais dire... le plaisir durera plus longtemps. Pardon, Mesdames, je parle toujours pour moi. Qui sait si ma didactique ne produit pas sur vous l'effet de l'opium ? Déjà j'entends une petite espiègle qui dit à sa mère : « N'est-ce » pas, chère maman, c'est bien assez pour aujourd'hui ?... » Veux-tu que j'aille au jardin te cueillir une rose ? — Va, ma » bonne, répond l'institutrice ; mais à la condition que nous re- » prendrons bientôt nos utiles entretiens sur la musique. »

Ah ! je respire un peu ; les mamans sont pour moi, mon procès est gagné.

DEUXIÈME ENTRETIEN.

Si la musique avait le don de la parole comme les animaux et les plantes qui vivaient sous le règne du bon Lafontaine, elle pourrait s'écrier avec quelqu'apparence de raison : « *Silence*, que » me veux-tu? Que viens-tu faire ici?... » N'aurait-elle pas le droit de le mettre à la porte, lui, l'ennemi du bruit et par consé-quent de la musique? Le silence est une chose affreuse; deman-dez-le plutôt aux charmantes petites demoiselles qui m'écoutent. Quant à moi, je sais bien qu'il m'a toujours fait détester le col-lége et qu'il m'empêchera de me retirer à la Trappe.

J'aimerais mieux cent fois être mis à la question pendant quinze jours que d'être obligé de me taire pendant le même temps. Mais qui donc inventa le silence ? personne, bien sûr, car tout le monde l'a en horreur, n'était le silence des bois... quand un rossignol ou une fauvette y font entendre leurs jolies roulades. Le silence est dans la nature tout aussi bien que le bruit ; donc il faut le subir...

Mais encore une fois, que vient-il faire dans la musique ?

Nous allons vous l'apprendre, aimables lectrices.

D. N'a-t-on pas inventé des figures de silence ?

R. Oui.

— Dans quelle intention ?

— Pour remplacer les figures de note et déterminer d'une manière précise le temps que les instrumens où les voix doivent rester sans rien dire.

— Combien y a-t-il de figures de silence?

— Sept, autant que de figures de note.

— Quels sont ces silences ?

— La pause ▄▄ la demi-pause ▄▄ le soupir ⸶

le demi-soupir 𝄿 le quart de soupir 𝄾 le huitième de

soupir 𝄿 et le seizième de soupir 𝄿

— Dites leur correspondance avec les figures de note.

— La pause correspond à la ronde, la demi-pause à la blanche, le soupir à la noire, le demi-soupir à la croche, le quart de soupir à la double-croche, le huitième de soupir à la triple-croche et le seizième de soupir à la quadruple-croche.

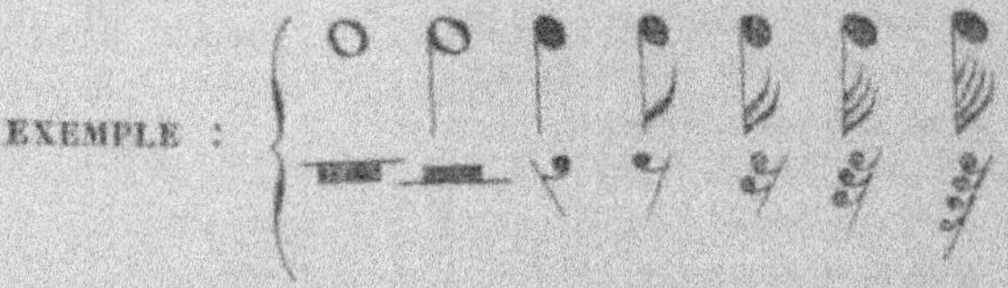

EXEMPLE :

— Qu'entendez-vous par cette correspondance ?

— Un rapport exact entre la durée des notes et des silences.

— Développez cette réponse.

— Ainsi, par exemple, si l'on donne à la ronde une durée de vingt secondes, il faudra donner à la pause cette même durée ; si la ronde ne vaut que dix secondes, la pause n'en vaudra pas plus ; donc si vous voulez vous taire pendant la valeur d'une ronde, il sera nécessaire de la remplacer par une pause. Il en est de même de la blanche que vous remplacerez par une demi-pause, de la noire qui cédera sa place au soupir, etc.

— Puisque la pause vaut autant que la ronde, elle doit être considérée comme unité de silence ?

— Oui, les autres ne sont que des fractions plus ou moins grandes de cette unité. Ainsi que nous l'avons expliqué pour les notes, la pause vaut deux demi-pauses ou quatre soupirs ou huit demi-soupirs, ou seize quarts de soupir, ou trente-deux huitièmes de soupir, ou soixante-quatre seizièmes de soupir. On doit donc, s'il y a une pause, se taire aussi long-temps que s'il y avait soixante-quatre seizièmes de soupir ; de même qu'il faut mettre autant de temps à chanter ou jouer une ronde que soixante-quatre quadruples-croches.

— Peut-on augmenter la valeur des silences comme celle des notes ?

— Oui, par des points d'accroissement.

— Que vaut un soupir pointé ?

— Trois demi-soupirs.

— Que vaut un demi-soupir pointé ?

— Trois-quarts de soupir. Le même procédé s'applique aux autres silences de moindre valeur.

— Mais nous n'avons parlé ni de la pause, ni de la demi-pause ?

— On n'a pas l'habitude de les pointer.

— Pourquoi donc ? on pointe bien la ronde et la blanche ?

— Parce qu'il a plu aux inventeurs de la théorie musicale de le vouloir ainsi.

— Ce n'est pas logique. Quand vous avez à remplacer une ronde pointée par un silence équivalent, la pause pointée devient nécessaire : et la demi-pause pointée ne doit-elle pas correspondre à la blanche pointée ?

— C'est parfaitement juste : mais ici l'usage fait loi.

— Acceptons l'usage. Quand nous parlerons des mesures, peut-être se trouvera-t-il des raisons pour justifier cette coutume. En attendant, tâchez de nous démontrer la nécessité des silences. Il est bien acquis que les diverses figures de silence servent à remplacer les différentes figures de note quand on veut se taire pendant un temps déterminé ; mais, encore une fois, quel est le but, l'effet de cette singulière invention ?

— Les silences sont d'un effet admirable en musique ; ils remplissent, sous plusieurs rapports, le même but que l'ombre dans un tableau ; car ils concourent puissamment à diverses nuances d'expression.

Nous savons déjà que la musique est une langue et la plus harmonieuse de toutes les langues : nous n'ignorons pas que, dans celle-là comme dans les autres, il y a des phrases, des périodes, un discours enfin ; que les repos y sont nécessaires et doivent être indiqués à l'œil par un signe quelconque. Quand nous apprenons à lire, on nous fait observer que la virgule marque un tout petit repos, que le point et virgule, les deux points en demandent un plus grand, et que le point seul annonce la fin de la phrase, un repos complet. Il en est de même des silences ; et dans certains cas, où il est difficile de leur trouver place, on y supplée par des virgules simples ou doubles pour aider la respiration des chanteurs.

— Quelles sont les autres attributions des silences ?

— Nous allons essayer de les mettre en lumière : peut-être serons-nous obligés d'entrer, pour un instant, dans un domaine que nous ne devons visiter en détail que beaucoup plus tard, celui des chants en chœur : mais nous savons tous, si petits que nous sommes, que, dans les chœurs, il y a toujours un certain nombre de voix réunies; qu'elles sont divisées ordinairement en trois ou quatre groupes qui exécutent à la fois, chacun, des sons différens. Eh bien ! si ces trois ou quatre groupes chantent sans cesse simultanément, deux inconvéniens se présentent : la fatigue et la monotonie. Pour obvier à l'un et à l'autre, on fait souvent attaquer une phrase par un seul groupe, puis par un autre, puis par deux, par trois, par quatre à la fois. Dans le courant d'un morceau de musique, à chaque instant, on ménage un repos à l'une des parties chantantes pendant que les autres marchent ; puis elle reprend son rôle, et l'une de ses compagnes jouit de la même faveur. Si donc il n'existait pas des signes de silence, parfaitement égaux en valeur aux diverses figures de note, comment chacun des groupes saurait-il où s'arrêter et où reprendre?...

— N'avez-vous pas dit aussi qu'ils concouraient puissamment à l'expression ?

— Oui. Les questions qui nous seront adressées plus tard nous mettront peut-être à même d'en signaler plusieurs exemples ; un seul suffit pour le moment. Une malheureuse mère vient de perdre sa fille. Dans sa douleur inconsolable elle se livre au plus affreux désespoir : les cris qu'elle fait entendre sont inarticulés, ses sons, entrecoupés par des sanglots, ne présentent ni suite ni liaison : la phrase meurt sur ses lèvres !...

S'il vous prend envie de peindre en musique cette scène déchirante, les silences vous viendront en aide. Détachez toutes vos notes, entrecoupez-les de soupirs ou de demi-soupirs et, si la couleur de votre phrase est bien dans la situation, vous devrez à l'emploi des silences une grande partie de votre succès.

Aimables lectrices, pardonnez-moi de m'arrêter à de si minutieux détails ; j'ai promis de tout expliquer ; je veux tenir parole. J'espère que vos charmantes petites demoiselles ne me sauront pas mauvais gré d'éclairer leurs pas dans une route souvent obscure ; de les mener par la main à travers ce labyrinthe dont une science trop abstraite nous fait connaître l'entrée, mais jamais l'issue.

Si vous le permettez, Mesdames, nous continuerons ensemble

cet utile voyage et nous tâcherons d'arriver bientôt à la seconde étape...

— Maintenant que nous connaissons parfaitement les signes principaux de l'écriture musicale, dites-nous, s'il vous plaît, comment on les emploie sur le papier.

— D'abord on fait une petite préparation qui consiste à tracer cinq lignes horizontales et parallèles, c'est à dire tirées de gauche à droite et à égale distance les unes des autres.

Exemple :

— Quel nom donne-t-on à ces cinq lignes réunies ?

— Le nom de *portée*.

— Pourquoi ?

— Parce qu'elles servent à porter, à recevoir les notes.

— Les compte-t-on de haut en bas ou de bas en haut ?

— De bas en haut.

— Les interlignes servent-ils à quelque chose ?

— Ils sont tout aussi utiles que les lignes.

— Pourquoi n'écrit-on pas la musique sur une seule ligne, comme le français, par exemple ?

— Parce que la musique n'est pas une langue parlée, mais bien une langue chantée ; parce que ses phrases suivent ordinairement une marche ascendante ou descendante dont la gamme (échelle diatonique) est le principe, et que, par la position des notes sur la portée, l'œil perçoit de suite l'élévation ou l'abaissement du son.

— Ces cinq lignes suffisent-elles pour l'étendue ordinaire des voix et des instrumens ?

— Non : très souvent on est obligé d'ajouter de petites lignes supplémentaires en dessus ou en dessous de la portée.

Exemple :

— Mais il eût été beaucoup plus simple de composer la portée de douze ou quinze lignes ?

— On peut le croire au premier abord ; mais essayez de lire des notes sur cette portée-monstre et vous reconnaîtrez bientôt que la difficulté serait triple pour la vue, qu'elle serait même insurmontable, et qu'on a agi sagement en réduisant à cinq compartimens ce casier musical. Si l'on a besoin de lignes supplétaires, on ne les fait point assez longues pour gêner la vue, et le but se trouve également rempli.

— Ne se sert-on pas d'un signe pour déterminer le nom des notes sur la portée ?

— Oui.

— Comment le nomme-t-on ?

— Clé.

— Pourquoi l'appelle-t-on ainsi ?

— Parce qu'il sert à ouvrir l'entrée de la musique absolument comme une clé ordinaire sert à ouvrir une serrure.

— Expliquez-vous.

— La clé prend le nom d'une des principales notes de la gamme, elle se place au commencement de chaque portée, sur une des lignes de cette portée ; elle a le don de communiquer son nom à toute note qui se trouve placée sur la même ligne qu'elle : une fois ce point de départ établi, les autres notes se trouvent à l'aide de celle-là.

— Ne craignez pas de trop appuyer sur cet ingénieux moyen; car, en avançant dans la route, vous reconnaîtrez qu'il engendre les plus curieuses combinaisons.

— Nous nous efforcerons d'être lucide. Nous disions donc tout à l'heure qu'avec le secours de la note, dont le nom se base sur celui de la clé, on arrivait facilement à connaître le nom de toutes les autres. Voici comment on procède.

Supposons la *clé de sol* (c'est celle qu'on apprend ordinairement en premier lieu), elle se place sur la seconde ligne de la portée, c'est à dire que la seconde ligne lui traverse le corps.

Exemple :

Nous savons déjà que les lignes se comptent de bas en haut ; que les interlignes servent à recevoir les notes tout aussi bien que les lignes ; que le *sol* est à peu près au milieu de la gamme, et que la note qui vient immédiatement après lui, quand on monte l'échelle, est un *la* ; donc, si le *sol* est sur la seconde ligne, le *la* doit être entre la deuxième et la troisième le *si* sur la troisième, et le *do* entre la troisième et la quatrième.

— Mais ceci ne représente que la moitié de la gamme.

— Nous allons trouver le reste. Quand on est arrivé au *do*, échelon supérieur de la gamme, on revient sur ses pas et l'on dit : le *do* entre la troisième et la quatrième ligne, le *si* sur la troisième, le *la* entre la deuxième et la troisième, le *sol* sur la deuxième... En descendant l'escalier vocal, quelle note vient immédiatement après le *sol*? C'est le *fa* ; donc si le *sol* est sur la deuxième, le *fa* doit être entre la première et la seconde, le *mi* sur la première, le *re* juste au dessous de la première et le *do* d'en bas sur une petite ligne supplémentaire.

Exemple : Gamme de *do*, ascendante et descendante.

— Ceci nous semble très facile à comprendre ; mais ajoutez encore quélques observations pratiques qui achèvent d'éclaircir ce point capital ?

— Les voici : nous avons prouvé que, seule, la clé servait à déterminer le nom des notes sur la portée en donnant à l'une d'elles le sien propre qui règle celui de toutes les autres d'après leur position respective.

Cette règle n'a pas d'exceptions ; car, dans l'exemple précédent, ôtez la clé de *sol* et mettez à sa place une *clé* de *do*, seconde ligne (nous verrons tout-à-l'heure ces différentes clés), la note qui s'appelait *sol* aura nom *do* ; le *la* deviendra un *re* ; tout enfin sera métamorphosé complètement.

— Il y a donc plusieurs espèces de clés ?

— Oui ; il y en a trois espèces : la clé de *sol*, la clé de *do* et la clé de *fa*.

— Pourquoi leur a-t-on donné ces noms-là plutôt que ceux des autres notes ?

— Parce que ces noms appartiennent aux trois sons fondamentaux de la gamme et par conséquent de la musique elle-même.

— C'est vrai ; mais n'entrons pas plus avant dans cette vaste et intéressante question qui trouvera sa place naturelle quand nous nous entretiendrons de la formation des gammes et de leur parenté plus ou moins rapprochée.

Cherchons, pour le moment, la raison de ces différentes clés dans les divers *diapasons* des voix et des instrumens. Dites-nous d'abord ce qu'on entend par *diapason?*

— On entend l'échelle de sons plus ou moins élevée , plus ou moins longue que chaque voix ou chaque instrument peut parcourir : cette dénomination convient encore à un petit instrument en forme de fourchette dont la vibration produit le *la*, en France, et le *do* en Italie, et qui sert à donner le ton dans les orchestres.

— Énumérez les divers diapasons des voix et des instrumens?

— La souche de ces divisions se borne à trois grandes séries qui se subdivisent en plusieurs autres moins importantes.

Ces trois lignes de démarcation suffisent pour expliquer la raison des différentes clés ; les voici : voix et instrumens élevés, voix et instrumens du *medium* (milieu), voix et instrumens graves. La clé de *sol* et la clé de *do*, première ligne, servent pour la première série ; le clé de *do* , troisième et quatrième lignes, sert pour la seconde série, et la clé de *fa*, quatrième ligne, sert pour la troisième série.

— Les clés peuvent donc se poser sur plusieurs lignes?

— Oui : la clé de *sol* ne se pose que sur la seconde ; mais la clé de *do* se pose sur la première, la deuxième, la troisième et la quatrième ; la clé de *fa* se pose sur la troisième et sur la quatrième. Ainsi, quoique nous n'ayions parlé que de trois clés , il y en a sept, par le fait, autant que de notes.

— Pourquoi faire tant de clés?

— Pour beaucoup de choses et en particulier pour la transposition.

— Très bien : mais n'anticipons pas. Cette partie si importante de la théorie-pratique sera longuement expliquée en temps et lieu. Faites-nous voir seulement aujourd'hui que, par l'ingénieux emploi des clés, on arrive à écrire la gamme sur une seule et même ligne.

— L'opération est toute simple ; voyez plutôt.

Exemple :

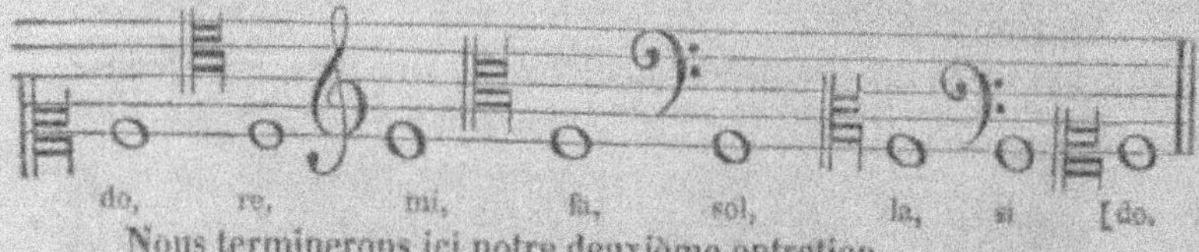

Nous terminerons ici notre deuxième entretien.

TROISIÈME ENTRETIEN.

J'assistais, un jour, à une leçon particulière de solfége chez M. le comte de C***, dans le faubourg Saint-Germain. L'élève, jeune enfant de beaucoup d'esprit, se plaisait à questionner son maître qui semblait être sur les épines. A chaque nouvelle demande ce dernier se contentait de répondre : « Je vous dirai cela » plus tard ; vous seriez aussi savant que moi ». Mais le malin écolier ne lâchait pas prise, et continuait toujours ses attaques à brûle-pourpoint. Enfin arrive la question des clés. Le fils du comte prie son professeur de lui expliquer pourquoi chacune des clés ne se plaçait pas, à volonté, sur toutes les lignes de la portée. Le mentor embarrassé regarde à sa montre, prend son chapeau et s'en va... Le petit indiscret n'en sut jamais davantage.

Cette question vaut pourtant la peine d'être examinée, quand on veut approfondir la raison de toute chose.

Aimables lectrices, nous commencerons par là notre nouvel entretien.

Rappelons-nous d'abord que la clé de *sol* ne se pose que sur la seconde ligne, que la clé de *do* se met sur les quatre premières, et la clé de *fa* sur la troisième et la quatrième.

D. Pourquoi donc ne pas placer la clé de *sol* sur la troisième, la quatrième et la cinquième tout aussi bien que sur la seconde ?

R. En voici la raison toute simple. Si l'on met la clé de *sol* sur la première ligne (on le faisait autrefois), elle ne donnera pas d'autre résultat que la clé de *fa* quatrième ligne : les notes auront le même nom ; seulement elles se trouveront être une octave au dessus. Si on la place sur la troisième ligne, elle sera en concurrence avec la clé de *do* première ligne qui donne *sol* sur la troisième. La quatrième ligne ne lui convient pas mieux ; elle y rencontrera les produits de la clé de *do*, seconde ligne, qui donne *sol* sur la quatrième. Irez-vous la percher sur la cinquième ligne ? mais là, comme ailleurs, elle trouvera la place occupée : la clé de *do*, troisième ligne, donne *sol* sur la cinquième.

— Pourquoi la clé de *do* ne se place-t-elle pas sur la cinquième ligne ?

— Parce que la clé de *fa* troisième ligne produit *do* sur la cinquième.

— Pourquoi la clé de *fa* ne se pose-t-elle ni sur la première, ni sur la deuxième, ni sur la cinquième ligne ?

Toujours par la même raison. La clé de *fa* sur la première ligne se disputerait le terrain avec la clé de *do* troisième ligne, qui produit *fa* sur la première. La clé de *fa* sur la deuxième ligne aurait maille à partir avec la clé de *do*, quatrième ligne, qui produit *fa* sur la deuxième ; enfin la clé de *fa* sur la cinquième ligne se verrait forcée de se battre en duel avec la clé de *sol* qui donne *fa* sur la cinquième et ne céderait pas la place pour tout l'empire du monde.

— Allons, il faut avouer que la musique, regardée comme un art futile par les esprits superficiels, repose sur des bases solides, mathématiques ; qu'on trouve, quand on le veut, de bonnes raisons à toutes ses règles, et que sa syntaxe est à peu près logique....

Passons maintenant à des questions plus intéressantes.

Qu'est-ce que le rhythme ?

— Le rhythme, en musique, est la cadence produite par la répétition fréquente des mêmes valeurs dans différens groupes de notes.

— Donnez quelques exemples.

— Toutes les vieilles chansons populaires peuvent nous en servir :

> *J'ai du bon tabac dans ma tabatière...*
> *Roule ta bosse, petit luron....*
> *Vive Henri IV...*
> *Au clair de la lune...*

et cent autres sur l'air desquelles on marche au pas parfaitement, parce que le rhythme en est franc, cadencé.

— Les anciens n'attachaient-ils pas une grande importance au rhythme ?

— Oui, plus grande qu'à l'idée mélodique elle-même.

— Et les peuples sauvages ?

— Le rhythme est ce qui les frappe davantage.

— Vous avez raison. Tout dernièrement encore nous avons été à même de juger, à Paris, par échantillon du moins, de la précision et de la vigueur avec lesquelles ces hommes incivilisés marquent le rhythme sur leurs instrumens à percussion.

Dites-nous ce qui peut le mieux nous donner une idée parfaite du rhythme musical ?

— Le tambour qui bat, tous les matins, sous nos fenêtres ; les forgerons, quand ils frappent en cadence sur leur enclume ; les batteurs de blé, quand ils font voltiger leurs fléaux qui retombent à tour de rôle sur les gerbes étendues dans l'aire ; le carrillon des cloches ; la danse des montagnards, etc....

On dit que presque toutes les œuvres musicales de deux célèbres compositeurs modernes, Haydn et Beethoven, sont remarquables par l'originalité des rhythmes.

— A quoi le rhythme a-t-il donné naissance dans la notation musicale ?

— A la mesure.

— Qu'entend-on par mesure ?

— On entend généralement tout ce qui sert à mesurer, à diviser une étendue, une capacité, une durée quelconque. Ainsi, musicalement parlant, la mesure n'est autre chose que la division de la durée d'un morceau de musique en parties égales, à l'aide de petites barres verticales qui indiquent cette séparation sur la portée, tout comme le carrelage d'une chambre marque ordinairement la division de cette chambre en distances semblables, tout comme les centimètres fractionnent le mètre en petites parties analogues, etc.

— Donnez un exemple du placement des barres de mesures sur la portée.

— Le voici :

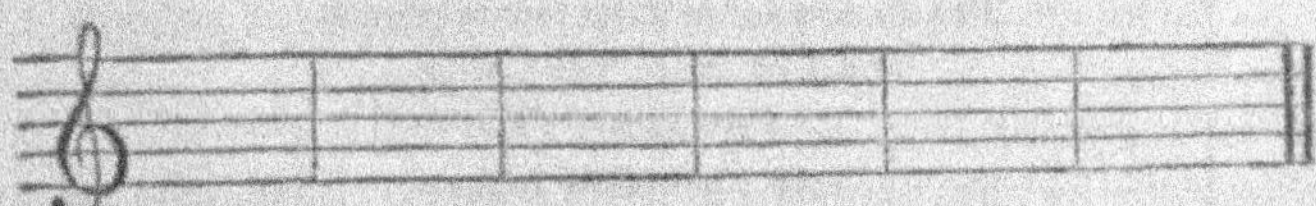

— Pourquoi la dernière barre est-elle double ?

— Pour indiquer la fin du tout ou d'une partie du morceau supposé.

— Comment se nomment ces doubles barres ?

— Barres de séparation ou barres finales.

— Servent-elles toujours de barres de mesure ?

— Non, pas toujours ; on les place tantôt à la fin, tantôt au milieu de la mesure, suivant que l'exige la position finale des différens points du discours musical.

— C'est bien.

Si les mesures divisent le morceau de musique en durées égales, elles contiennent donc, chacune, en figures de notes ou de silences une valeur identique, absolument semblable ?

— Oui.

— Donnez un exemple.

— Supposons que la ronde forme à elle seule une mesure entière, qu'on la considère comme *unité* de cette mesure et qu'elle soit en tête du morceau : toutes les mesures qui viendront ensuite, devront reproduire la valeur de cette ronde et se composer soit d'une pause qui équivaut à l'unité susdite ; soit de deux blanches ; d'une blanche et de deux noires ; d'une demi-pause et d'une blanche ; d'un soupir, d'une noire ; d'un autre soupir et d'une autre noire ; de quatre croches et d'une blanche ; de quatre doubles-croches et d'une blanche pointée ; de quatre noires ou de huit croches, etc.

Mesures identiques.

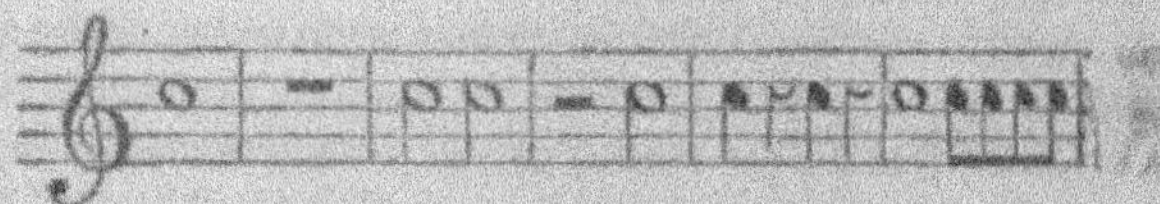

— Y a-t-il plusieurs espèces de mesures ?

— Oui.

— Quelles sont les principales, les mesures modèles ?

— Ce sont celles à quatre temps, à deux temps et à trois temps, c'est à dire à quatre, à deux ou à trois parties égales.

— Ne les qualifie-t-on pas de : *Mesures simples* ou *primitives ?*

— Oui.

— Pourquoi ?

— Parce qu'elles ne dérivent point d'autres mesures (du moins dans l'écriture moderne), et qu'elles servent au contraire à en former un grand nombre.

Il est à remarquer aussi qu'on les indique à la clé par un seul chiffre ou une seule lettre.

— Faites-nous connaître leur indication ?

— La mesure à quatre temps se marque par un *C* ou par un

4 ; la mesure à deux temps par un 2 ou un *C* barré ; la mesure

à trois temps par un 3 ou par un trois avec un quatre dessous $\frac{3}{4}$.

— Il est singulier qu'on ne se contente pas d'indiquer ces diverses mesures : la première par un 4, la seconde par un 2, la troisième par un 3. Que viennent faire ici ce *C* et ce *C* barré ? Si vous marquez la mesure à trois temps par $\frac{3}{4}$, pourquoi n'annoncez-vous pas celle à quatre temps par $\frac{4}{4}$ et celle à deux temps par $\frac{2}{2}$?

Du reste, il n'y aurait pas de mal à se servir, pour les trois mesures, de ces dernières indications : on comprendrait de suite que $\frac{4}{4}$ exprime quatre quarts : quatre quarts de quoi ? — de ronde, puisque la ronde est considérée comme unité ; que $\frac{2}{2}$ exprime deux moitiés de ronde et que $\frac{3}{4}$ exprime trois quarts de ronde.

Grâce à l'exposé précédent, vous devez déjà connaître l'unité de chacune de ces mesures ?

— Certainement, l'unité de la mesure à quatre temps, c'est la ronde ou la pause ; l'unité de la mesure à deux temps, c'est également la ronde ou la pause, car quatre quarts ou deux moitiés n'offrent pas de différence ; enfin, l'unité de la mesure à trois temps est une blanche pointée ou une pause. L'usage veut que la pause soit toujours unité de silence, lors même que la mesure ne se composerait que d'une noire pointée.

— Dans la théorie que vous venez de développer, la logique nous semble avoir été mise de côté. Ecoutez bien. Si l'unité de la mesure à deux temps est absolument la même que celle de la mesure à quatre, nous ne voyons pas trop là nécessité de la mesure à deux temps : c'est ce que les Italiens ont fort bien compris, car ils ne s'en servent jamais. D'ailleurs, nous saurons tout à l'heure qu'on est libre de battre à deux temps une mesure à quatre et *vice versâ* ; donc l'une va portant l'autre...... Il y a dans la syntaxe musicale quelques grosses fautes contre le bon sens qu'on devrait faire disparaître à tout jamais.

N'importe, poursuivons nos investigations ; nous avons

parlé du *temps* et nous n'avons donné de ce mot qu'une explication très incomplète. Comblez cette lacune?

— De même que les mesures sont la division,. en parties égales, de la durée d'un morceau de musique, de même aussi les temps sont la division, en parties égales, de la durée de chaque mesure ; donc on nomme *temps* chaque partie d'une mesure, parce qu'on met un certain temps déterminé à faire cette portion du tout.

— Maintenant c'est clair comme le jour ; allons plus loin. Parlez-nous des différentes valeurs de note et de silence qui peuvent entrer dans chaque temps de la mesure à quatre, à deux et à trois.

— Chaque temps de la mesure à quatre doit renfermer soit une noire ou deux croches ou quatre doubles, soit un soupir ou deux demi-soupirs ou quatre quarts de soupir. On peut encore mélanger ces fractions : mettre une croche et deux doubles, une croche pointée et une double, deux doubles et quatre triples, un triolet de croches, un sextolet de doubles, un demi-soupir et deux croches formant triade, etc.

Les combinaisons de valeurs varient à l'infini comme celles des intonations qui peuvent aller jusqu'à six mille.

Chaque temps de la mesure à deux doit renfermer soit une blanche ou deux noires ou quatre croches ou huit doubles, soit une demi-pause ou deux soupirs ou quatre demi-soupirs ou huit quarts de soupir. En variant cette disposition primitive, on trouve les combinaisons suivantes : une noire pointée et une croche ; une croche, deux doubles et une noire ; deux croches et quatre doubles ; deux triolets de croches ; deux sextolets de doubles ; un soupir pointé et un triolet de doubles-croches ; un demi-soupir, une croche, quatre triples et deux doubles, etc.

Les temps de la mesure à trois ressemblent entièrement à ceux de la mesure à quatre ; donc ils reçoivent les mêmes valeurs.

— Revenons sur une question que nous n'avons fait qu'effleurer. Nous avons dit qu'une mesure à quatre temps pouvait se battre à deux, comme une mesure à deux pouvait se battre à quatre.

Expliquez cette similitude.

— Puisque les deux mesures ont une même unité, rien ne peut s'opposer à ce qu'on les divise indistinctement en quarts ou en moitiés : toutefois, si le mouvement est vif, il sera préférable de battre à deux temps, de quelque manière qu'elles soient indiquées à la clé.

— Mais vous ne nous avez pas dit ce qu'on entendait par :
battre la mesure ?

— C'est en marquer les différens temps par un mouvement
de la main ou du pied.

— Comment bat-on la mesure à quatre?

— En frappant avec la main, par exemple, au premier temps,
en la portant à gauche, au second temps, en la portant à droite,
au troisième, et en la levant au quatrième.

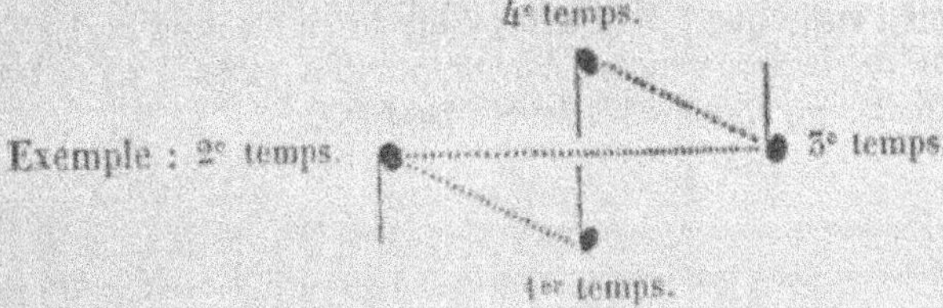

Le même exercice se répète à chaque mesure.

— Comment bat-on la mesure à deux temps?

— En frappant et en levant.

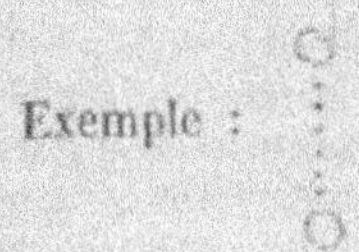

— Comment bat-on la mesure à trois temps?

— En frappant, coupant à droite et en levant.

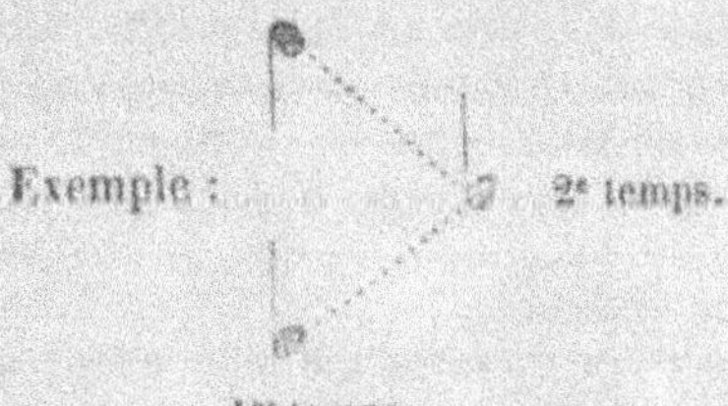

— Reposons-nous ici; nous avons atteint la troisième étape...

Je ne veux pas, jeunes mères de famille, abuser de vos instans
qui tous sont si précieux : bien d'autres soins appellent votre

sollicitude. Il est vrai que vous savez suffire à tout et tout faire avec grâce. Quant à moi, je suis peut-être trop rude encore dans mes enseignemens. Apprenez-moi donc, aimables lectrices, le secret de mêler l'agréable à l'utile, comme le conseille le bon Horace ; suppléez à ce qui me manque, et, quand vous répéte-rez mes leçons à vos charmantes petites filles, animez mes ta-bleaux, retouchez mon coloris ; semez des roses où je n'ai su trouver que des épines ; enfin, composez un bouquet aussi bril-lant, aussi varié que les qualités dont le ciel vous a enrichies. Je serai trop heureux encore d'avoir pu vous aider dans ce tra-vail difficile que vous seules saurez parfaire.

QUATRIÈME ENTRETIEN.

SOMMAIRE : Mesures composées et dérivées ; leur rapport avec les mesures simples ; fonctions de leurs chiffres indicateurs ; leur unité de note et de silence ; la division de leurs temps ; leur utilité plus ou moins grande. — La polka. — Règles à suivre pour savoir comment battre toutes les mesures. — Importance de la mesure à cinq temps ; son avenir.

Aimables lectrices, si vous aviez besoin d'un modèle, je vous citerais la veuve d'un de nos plus illustres compositeurs français, qui, depuis long-temps, vit éloignée du fracas du monde, consacrant toute son existence à l'éducation littéraire et musicale de ses enfans. C'est un beau spectacle, pour les intimes qui ont le bonheur de pénétrer dans ce charmant intérieur, de voir ces jeunes rejetons d'un grand artiste vouer un culte tout particulier à cet art magique qui rendit leur père si célèbre ! Quand on est témoin de la gaîté naïve, du bon ton, de l'union parfaite qui règnent dans ce petit sanctuaire, on ne peut s'empêcher de reconnaître la douce influence de la musique, qui sait si bien polir les mœurs et donner la vie à tout ce qu'elle touche.....

Mais je m'aperçois qu'en peignant ce tableau, je fais l'histoire d'un grand nombre de mères de famille. Qu'ai-je besoin, aimables lectrices, de vous prêcher ce que vous accomplissez tous les jours avec un zèle digne d'éloge? Votre bonheur n'est-il pas dans vos enfans, et l'attention soutenue que vous daignez apporter à mes simples entretiens ne me prouve-t-elle pas que vous serez heureuses d'en faire profiter vos jolies petites élèves ?

Je les entends qui viennent écouter à la porte ; ce serait bien vilain si nous avions des secrets à dire ! mais elles peuvent tout entendre.

Entrez, mes charmantes demoiselles, je tâcherai de ne pas être ennuyeux ; c'est un si grand défaut d'endormir son auditoire ! Si l'occasion s'en présente, je vous raconterai des histoires, et l'amertume de la pilule disparaîtra dans une cuillerée de confitures...

— Vous nous avez dit que les mesures simples avaient donné naissance à beaucoup d'autres mesures : ces dernières sont-elles de plusieurs espèces ?

— Oui, de deux espèces : il y a les mesures *composées* et les mesures *dérivées*.

— Expliquez-nous ce qu'on entend par mesures composées ?

— On entend celles dont l'unité est plus forte que la ronde, qui sont indiquées à la clé par deux chiffres placés l'un au dessus de l'autre, et dont le supérieur est toujours plus considérable que l'inférieur.

— Développez cette réponse.

— Il faut savoir d'abord que, dans toute mesure composée ou dérivée, le chiffre inférieur indique en combien de parties la ronde est divisée, et le chiffre supérieur combien on prend de ces parties pour composer la mesure.

Supposons, par exemple, la mesure à douze-huit, qui fait partie des mesures composées ; son indication $\frac{12}{8}$ prouve ce que nous venons d'avancer : le 8 annonce des huitièmes de ronde ; le 12, qu'on prend douze de ces huitièmes pour former la mesure.

— Qu'est-ce que des huitièmes de ronde ?

— Ce sont des croches, puisqu'il faut huit croches pour représenter une ronde.

— Douze huitièmes de ronde ?

— Douze croches.

— Quelle est l'unité de cette mesure ?

— Une ronde pointée.

— Vous comprenez bien maintenant que c'est une mesure composée, puisque son unité est plus forte que la ronde ?

— Certainement.

— Que faut-il pour chacun de ses temps ?

— Soit une noire pointée, ou trois croches ou six doubles ; soit un soupir pointé, ou trois demi-soupirs ou six quarts de soupir, etc.

— Quelle est la source de la mesure à $\frac{12}{8}$?

— La mesure à quatre temps.

— Quelle différence y a-t-il entre les deux ?

— Une différence de rhythme et de valeur.

— Où voyez-vous la première?

— Non dans la division de la mesure, qui est semblable, mais dans la division du temps, qui tranche tout-à-fait. Ainsi, chaque temps de la mesure à $\frac{12}{8}$ présente une division *ternaire* (en trois), tandis que chaque temps de la mesure à 4 présente une division *binaire* (en deux) ; les notes n'offrent plus à l'oreille la même cadence. Il y a dans la mesure à douze-huit un balancement, une ondulation qu'on ne rencontre point dans la mesure à quatre : c'est plus vaporeux, plus idéal.

On dit que Meyerbeer affectionne ce genre de mesure, et qu'il en a su tirer un admirable parti.

— Existe-t-il d'autres mesures composées?

— Oui, mais il n'y en a qu'une qui soit aussi usitée que la mesure à $\frac{12}{8}$, dans la musique moderne.

— Quelle est-elle?

— C'est la mesure à $\frac{9}{8}$, neuf huitièmes de ronde, par conséquent neuf croches pour toute la mesure.

— Quelle est son unité?

— Une blanche pointée, unie par un trait à une noire pointée.

Exemple : Nous savons qu'il n'y a pas de figure de note qui vaille neuf croches.

— Cette mesure n'a-t-elle pas le même rhythme que la mesure à douze-huit?

— Absolument le même.

— Où prend-elle sa source?

— Dans la mesure à trois temps.

— Qu'est-ce qui la distingue de cette mesure?

— Nous croyons l'avoir dit en faisant observer que son rhythme ressemble à celui de la mesure à douze-huit.

— Quelles sont les autres mesures composées dont plusieurs auteurs font encore usage aujourd'hui et qu'on employait très fréquemment autrefois?

— Ce sont les mesures à

$$\frac{12}{4}, \quad \frac{2}{1}, \quad \frac{4}{2}, \quad \frac{6}{4}, \quad \frac{3}{4}, \quad \frac{3}{2} \quad \text{et} \quad \frac{9}{4}.$$

— Sont-elles très nécessaires?

— Non, car elles ne changent rien au rhythme des mesures plus usitées qui leur correspondent. Il n'y a de différence que pour l'œil et non pour l'oreille : donc on peut s'en passer.

— Très bien. Pourquoi ne pas simplifier quand l'effet n'en souffre pas ? Le lecteur est plus à l'aise : il se trouve sur son terrain. Pourquoi le mener par des chemins inconnus qui n'abrègent pas la route et dans lesquels ils risque, à chaque instant, de s'égarer ?.... Qu'entend on par *mesures dérivées ?*

— On entend celles dont l'unité est moins forte que la ronde, qui sont indiquées à la clé par deux chiffres placés l'un au dessus de l'autre, et dont le supérieur est toujours moins considérable que l'inférieur : c'est absolument l'inverse des mesures composées : nous ne croyons pas utile de répéter ici les mêmes observations que pour ces dernières.

— Donnez des exemples de mesures dérivées ?

— Celle à $\frac{2}{4}$ vient en premier lieu : nous savons déjà, par analogie, que le 4 exprime des quarts de ronde, et que le 2 indique qu'il faut deux de ces quarts pour composer la mesure entière.

— Quelle est la figure de note qui sert d'unité à cette mesure ?
— C'est la blanche.
— Quelle est son unité de silence ?
— C'est la pause.
— Comment, la pause ? mais la pause équivaut, en durée, à la ronde et non à la blanche.

— C'est vrai ; mais une ancienne coutume l'emporte encore ici sur le bon sens. La pause est considérée comme unité de silence dans toute espèce de mesures, quelle que soit l'unité de note. Ainsi l'on mettra tout aussi bien une pause dans la mesure à $\frac{2}{8}$, composée seulement d'une noire, que dans celle à $\frac{2}{4}$ qui renferme deux rondes ; déjà cette observation avait été faite.

— En lisant de telles absurdités les savans doivent avoir une pauvre idée de nos théoriciens. N'importe ; nous ne nous sommes pas chargés de rebâtir l'édifice ; essayons donc simplement de le mieux disposer, de le rendre plus habitable. Continuons. Que faut-il pour chacun des temps de la mesure à $\frac{2}{4}$?

— Soit une noire ou deux croches ou quatre doubles ; soit un soupir, ou deux demi-soupirs ou quatre quarts de soupir, etc. Nous avons déjà fait remarquer que l'on pouvait combiner ces valeurs de mille manières.

— D'où vient cette mesure ?

— De la mesure à deux temps.

— Quelle différence y a-t-il entre les deux ?

— Une différence de moitié pour la vue , mais aucune pour l'ouïe.

— On pourrait donc se passer de la mesure à deux temps?

— Oui , comme nous l'avons dit plus haut.

— Quelles sont les autres mesures dérivées dont on se sert habituellement?

— Ce sont celles à $\frac{3}{8}$ et à $\frac{6}{8}$.

— Parlez-nous d'abord de celle à $\frac{3}{8}$?

— Les chiffres indicateurs de cette mesure expriment trois huitièmes de ronde, par conséquent trois croches pour toute la mesure, une par chaque temps , ou une noire pointée pour unité.

— Quelle est sa mère ?

— La mesure à trois temps.

— Quelle différence y a-t-il entre la mère et la fille ?

— Une différence fictive. La mesure à $\frac{3}{8}$ est à la mesure à $\frac{3}{4}$ comme celle à $\frac{2}{4}$ est à la mesure à deux.

— Quel inconvénient y aurait-il à se passer de la mesure à $\frac{3}{8}$?

— Aucun : seulement il y a peut-être un avantage , pour les compositeurs, à conserver ces mesures , en apparence, inutiles. Le génie est fantasque : il y a beaucoup d'idéal dans la musique. Souvent, nous a-t-on dit , on trouve, avec les mesures à trois-huit ou à deux , ce qui eût toujours échappé si l'on se fût servi de celles à trois ou à $\frac{2}{4}$.

— Ces réflexions sont fort justes. Conservons donc ce qui existe, mais sachons tout réduire, en théorie, aux plus simples élémens. Dites-nous un mot de la mesure à six-huit ?

— Cette mesure est de la même famille que celles à $\frac{12}{8}$ et à $\frac{9}{8}$: aucune différence dans la division des temps et conséquemment dans leur rhythme.

— Qui lui a donné naissance ?

— La mesure à deux temps.

— N'a-t-elle pas un certain rapport avec la mesure à $\frac{2}{4}$, quand celle-ci procède par triolets de croches ?

—Oui : mais les croches du $\frac{6}{8}$ sont des huitièmes de ronde, tandis que les croches-triades du $\frac{2}{4}$ ne sont que des douzièmes de ronde.

—La mesure à $\frac{6}{8}$, prise dans un mouvement vif, n'a-t-elle pas un caractère essentiellement dansant ?

— Oui.

— Ne se prête-t-elle pas aussi merveilleusement à la barcarolle, à la sérénade ?

— Oui, de même que la mesure à 3 ou $\frac{3}{8}$ va bien à la valse, à la tyrolienne, au menuet.

— Et la mesure à $\frac{2}{4}$?

— C'est la plus à la mode aujourd'hui. Depuis que la polka triomphe sur toute la ligne, toutes les petites demoiselles savent cette jolie mesure sur le bout du doigt.

— Comment trouvez-vous le rhythme de la polka ?

— Très séduisant.

— N'en disons pas trop de bien ; elle se recommande assez d'elle-même, et puis les mamans se fâcheraient. Déjà toute une armée de petites espiègles menacent de se révolter contre les gammes, les exercices, les études classiques, etc. : ces Jeannes-d'Arc en herbe ne rêvent plus que la polka. Nous demandions un jour à l'une d'elles ce que c'était que la mesure à deux-quatre ; elle nous a répondu, sans hésiter : « C'est la polka !... »

Résumez, s'il vous plaît, tout ce que vous avez dit sur les mesures composées et dérivées.

— C'est très facile : les mesures composées sont celles qui présentent une unité plus forte que la ronde et qui sont indiquées à la clé par deux chiffres placés l'un au dessus de l'autre et dont le supérieur est plus considérable que l'inférieur ; comme $\frac{12}{8}$ et $\frac{9}{8}$. Les mesures dérivées sont à l'inverse des précédentes : leur unité est toujours moins forte que la ronde et le chiffre d'en haut toujours moindre que celui d'en bas ; comme $\frac{2}{4}$, $\frac{6}{8}$ et $\frac{3}{8}$.

— Maintenant, y a-t-il des règles à suivre pour savoir, par

la seule inspection des chiffres indicateurs, à combien de temps
on doit battre n'importe laquelle de ces mesures composées ou
dérivées ?

— Oui ; ces règles sont au nombre de trois.

Voici comment on procède pour obtenir le résultat demandé.
C'est, du reste, le conseil que donne Wilhem, dans son excellente théorie.

1° Si le chiffre supérieur est pair et divisible par quatre, on
bat la mesure à quatre temps.

$$\text{Exemple : } \frac{12}{4}, \frac{12}{8}, \frac{4}{2}.$$

2° S'il est pair, mais seulement divisible par deux, on bat la
mesure à deux temps.

$$\text{Exemple : } \frac{2}{1}, \frac{2}{4}, \frac{2}{8}, \frac{6}{4}, \frac{6}{8}.$$

« Ces deux dernières mesures, pourrait-on dire, sont suscepti-
» bles d'être divisées par trois tout aussi bien que par deux. »—
Oui, sans doute, mais alors elles perdraient le rhythme cadencé
qui leur est propre, et deviendraient tout simplement des mesures à trois temps.

3° Si le chiffre supérieur est impair et divisible par trois, on
bat la mesure à trois temps.

$$\text{Exemple : } \frac{9}{4}, \frac{9}{8}, \frac{3}{8}, \frac{3}{16}.$$

— Bravo !... nous voilà très éclairés sur la nature, la parenté,
l'emploi de toutes les mesures existantes. Réduisez le chiffre de
ces mesures aux plus essentielles, à celles dont on ne peut se
passer.

— C'est un travail on ne peut plus simple et qui se trouve
ébauché dans le cours de cet entretien.

Les mesures essentielles sont : celles à 4, à 3, à $\frac{2}{4}$, à $\frac{6}{8}$, à $\frac{12}{8}$

et à $\frac{9}{8}$.

— Et la mesure à cinq temps dont vous ne nous avez pas dit
un mot ?

— Nous l'avions oubliée.

— Elle mérite pourtant bien qu'on s'en occupe sérieusement.

— Vous avez raison, car elle a plus d'avenir que toutes les
autres.

— Comment cela ?

— Parce que, d'abord, elle est très originale, et qu'ensuite
MM. les compositeurs l'ont prise pour un faux diamant, tandis

que c'est une pierre précieuse de la plus fine eau. Mettez-la entre les mains d'un habile lapidaire, et bientôt il reconnaîtra qu'elle vaut des monceaux d'or.

— Donnez-nous sa définition ?

— C'est un composé de la mesure à trois temps et de la mesure à deux-quatre.

— Quelle est son unité ?

— Une blanche pointée jointe par un trait à une blanche simple.

Exemple : 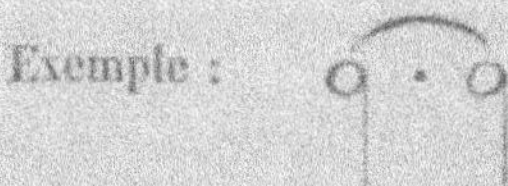

— Que lui faut-il par chaque temps ?

— La même chose qu'à la mesure à quatre.

— Comment se bat-elle ?

— Comme la mesure à trois et à deux.

Exemple : 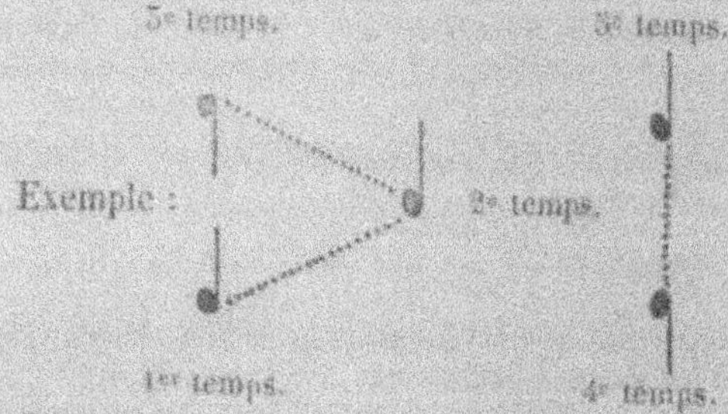

— N'a-t-on pas un moyen de diviser, en quelque sorte, ces deux mesures qui n'en font qu'une ?

— Oui.

Exemple :

—Quel est le compositeur français qui, le premier, l'ait employée dans une œuvre lyrique ?

— C'est Boïeldieu.

— Vous nous avez déjà dit qu'elle avait beaucoup d'avenir ; étendez-vous sur ce sujet.

— En fait d'idées musicales le nouveau devient excessivement difficile : on a tant fouillé dans tous les coins de la mine, qu'il faut être bien fin pour y découvrir quelque chose. Sans doute, l'homme de génie aura toujours le secret de faire un abondante moisson là même où le vulgaire ne trouvera pas de quoi glaner; mais les natures privilégiées sont rares; à l'égal des comètes, elles n'apparaissent qu'à de longs intervalles. Il convient donc de puiser à d'autres sources, d'interroger quelque nouveau terrain. Le rhythme nous semble le plus inépuisable. Déjà ses immenses possessions ont été morcelées; mais il est encore riche, très riche et se prête gracieusement aux dévastations. La mesure à $\frac{5}{4}$ est capable de le ruiner; car elle a besoin de rhythmes originaux; elle en consommera tant qu'il plaira aux auteurs de lui en donner. Avis aux plus habiles!...

— Allons! cette mesure, de fraîche date, finira par détrôner les autres, ou, tout au moins, leur fera bientôt une terrible concurrence.

Déjà voici venir une valse à cinq temps; nous l'avons sous les yeux : on la danse à Londres et à Paris. Les *lions* lui prédisent une grande vogue pour l'hiver prochain... Que les compositeurs entrent donc franchement dans cette voie nouvelle qui leur est ouverte. Il n'est jamais prudent de mépriser les trésors que le ciel nous envoie. La langue musicale était déjà bien partagée : qui sait si ce nouveau mode d'exploitation ne doublera pas sa puissance? Nous ne craignons pas de le répéter, les ressources du rhythme sont incalculables...

Mais revenons à des considérations plus simples; rentrons dans notre modeste domaine; il a bien ses charmes aussi, lui, puisque nous le parcourons en compagnie d'un sexe aimable qui ne dédaigne point de nous suivre dans nos promenades musicales.

Vous nous avez dit tout à l'heure que les mesures essentielles étaient celles à 4, à 3, à $\frac{2}{4}$, à $\frac{6}{8}$, à $\frac{12}{8}$ et à $\frac{9}{8}$; ajoutons-y celle à $\frac{5}{4}$ dont nous venons de parler. Croyez-vous qu'avec ce petit nombre de mesures on puisse composer toute espèce de musique?

— Oui.

— Rien n'oblige donc à revenir à ces anciennes mesures qui exigeaient d'autres figures de note, comme la *longue*, la *maxime* et la *brève?*

— Rien, absolument rien.

— Puisqu'il en est ainsi, nous votons pour la suppression même des mesures modernes qui ne sont pas de nécessité. Voici sur quoi nous nous appuyons.

Faites à un enfant une dictée musicale sur les valeurs de la mesure à quatre ; après une courte explication, il comprendra facilement qu'il faut une ronde ou une pause pour unité, une blanche ou une demi-pause pour deux temps, une noire ou un soupir pour un temps ; mais si vous répétez ce même travail sur les valeurs de la mesure à deux temps et que vous lui disiez : « Il faut encore une ronde ou une pause pour unité ; seulement » vous mettrez une blanche ou une demi-pause par chaque » temps au lieu d'une noire ou d'un soupir ; vous mettrez quatre » croches au lieu de deux, huit doubles au lieu de quatre ; » à moins d'une grande intelligence, il sera très long-temps à vous comprendre. Il en est de même de la mesure à $\frac{3}{8}$ par rapport à la mesure à 3 temps ; de la mesure à $\frac{6}{4}$ par rapport à la mesure à $\frac{6}{8}$; de $\frac{2}{4}$ par rapport à $\frac{2}{2}$; de $\frac{9}{16}$ par rapport à $\frac{9}{8}$, etc. Efforçons-nous donc d'éclairer la route au lieu de l'obscurcir ; que son abord soit rendu facile à tout le monde, aux esprits incultes comme aux esprits élevés. Il faut bien le dire, quoique ce soit un aveu pénible à faire, on a trouvé, chez des individus assez nuls du reste, le sentiment musical développé à un très haut degré. Nous en avons vu des exemples frappans que nous citerions au besoin. La nature est si bizarre ! et puis le sens mélodique semble distinct des cinq autres. Certainement, l'organisation qui le possède est plus complète ; mais on a remarqué souvent chez des hommes d'un grand mérite, l'absence totale de ce don de la nature. Nous ne serions point encore embarrassés d'en fournir des preuves vivantes.

Donc, puisque la musique est une langue à part, qui demande une disposition organique toute particulière qu'on peut rencontrer chez un homme de peu d'esprit, il est urgent de la rendre accessible aux plus petites intelligences ; de la débarrasser du pédantisme, du fatras des écoles. N'en faites plus un mystère impénétrable ; ouvrez la porte du temple à deux battans ; que le flot du peuple s'y précipite ; que tous se nourrissent de ses chants divins, et apprennent, par elle, à devenir meilleurs !..,

Mais modérons notre ardeur ; nous allions dépasser la quatrième étape. Les remèdes les plus salutaires doivent, le plus souvent, être distribués à petites doses.

Déjà notre jeune auditoire commence à regretter ses poupées. Allez, mes petites amies, l'heure de la récréation a sonné : sautez, dansez, courez après les papillons ; quand vous serez lasses de jouer, vous reviendrez nous entendre.

CINQUIÈME ENTRETIEN.

SOMMAIRE: Du mouvement en musique ; ses indications ; ses variétés , son influence sur le rhythme.

Mes petites amies, vous sortez de la récréation ; vous avez encore l'esprit tout occupé de cerceaux, de volans et de ballons. Pour vous bien disposer, je vais vous raconter une histoire ; vos bonnes mères me permettront cet épisode dont elles sauront profiter comme vous.

Il y avait une fois une jeune et jolie personne qui était à la veille de faire son entrée dans le monde. Ses parens, aussi fous de musique que de leur premier rejeton, l'avaient appelée *Harmonica*, nom très harmonieux , comme vous voyez : elle le mérita d'ailleurs par la suite ; car, à l'âge de seize ans (ce qui n'étonnerait plus personne aujourd'hui, depuis qu'il y a des pianistes à la mamelle), elle jouait la *Tarentelle*, de Doehler; le *Moïse*, de Thalberg; la *Séguédille*, de Prudent , et le galop chromatique, de Listz, comme vous joueriez le *Joujou*, la *petite Surprise*, *Folette* ou la *Polka nationale*. Aux yeux de son père et de sa mère c'était un phénomène, une divinité qu'ils brûlaient de mettre sur un piédestal. Leur rêve était de faire briller à tout prix Mlle Harmonica. Enfin , le grand jour arrive. Madame la marquise de l'Air... donnait une soirée dansante au piano. L'heureuse famille avait été invitée. Le bal commence. La jeune fille, qui était charmante, ne peut suffire à toutes les invitations. On la fête, on l'encense, on l'adule : ses parens suffoquent de bonheur, et déjà l'ont proclamée *la reine du bal*. Cependant les quadrilles étaient exécutés, à quatre mains, par des petites demoiselles de dix à douze ans qui s'en acquittaient le plus gentiment du monde. Le tour de Mlle Harmonica ne se fit pas attendre : sa réputation de grande pianiste avait déjà pénétré dans les salons. On se promettait donc monts et merveilles.

La maîtresse de la maison , de son plus gracieux sourire, invite notre héroïne à se mettre au piano. Les talens de premier ordre jouent toujours sans musique afin de paraître plus inspirés. Notre jeune reine se pose fièrement à son poste et attaque faux le premier accord avec l'aplomb le plus magnifique. Le bruit des causeries fait qu'on n'y prend pas garde ; les plus proches voisines en accusent l'instrument. Le quadrille s'entame, et notre nouvelle Pleyel frappe à tour de bras à côté de la note et de la mesure. Elle a toujours dédaigné d'étudier sérieusement un quadrille, regardant cette tâche bien au dessous de son talent. Quand elle ne sait pas, elle improvise; mais elle allonge ou raccourcit les phrases ; elle presse ou ralentit comme dans un point d'orgue. Les danseurs s'arrêtent; chacun se regarde : elle seule ne s'arrête pas, et jouit *in petto* de son beau triomphe. La maîtresse de la maison, rouge de dépit , compose son visage du mieux qu'elle peut , et s'en va dire, d'un ton bien doux, à l'exécutante, qu'elle s'est laissée sans doute entraîner par son inspiration , car la première figure est finie depuis long-temps. Mlle Harmonica commence, sans s'intimider , la seconde figure. Le démon de l'orgueil se met de la partie , applique aux oreilles de sa victime un triple coussin, à ses yeux un triple bandeau, puis la pousse dans le précipice. Cette pauvre reine détrônée, comme les malheureux voyageurs du chemin de fer du Nord, s'enfonce de plus en plus dans la tourbière : si bien qu'on est obligé de venir l'en tirer au milieu de la contredanse.

Madame la marquise de l'Air... va tendre son bras à l'aveugle, en lui disant d'un ton compatissant : « Venez, Mademoiselle, je
» suis certaine que vous souffrez; permettez-moi de vous don-
» ner une remplaçante, et croyez que je n'en apprécie pas moins
» tout votre dévoûment. » En disant ces mots , elle entraîne presque de force la jeune orgueilleuse vers l'endroit où se tenaient ses parens. Ce fut alors seulement que le bandeau tomba de ses yeux , que la lumière se fit , mais une lumière affreuse , cent fois pire que les ténèbres. Son père et sa mère avaient été long-temps, comme elle, sous l'empire d'une hallucination ; mais tout-à-coup la raison revint pour éclairer leur honte : ils ne savaient où la cacher. Le monde est si méchant , si avide de la confusion d'autrui!... A la première figure on avait manifesté de l'étonnement , de la surprise; puis étaient venus les chuchotemens, les sourires moqueurs ; à peine entrait-on dans la seconde figure qu'un rire homérique gagnait toute la salle. Les malheureux suppliciés n'avaient pas entendu les premiers éclats, abîmés qu'ils étaient dans la contemplation de leur bonheur men-

songer. Cinq minutes après cette cruelle épreuve, ils avaient quitté le bal, jurant, mais un peu tard, qu'on ne les y reprendrait plus. Cependant Mlle Harmonica ne put se consoler d'un pareil échec, et courut s'enfermer dans un cloître !...

Mes chers enfans, je vous ai raconté cette histoire pour vous prouver bien des choses : la première, c'est qu'il ne faut jamais se croire plus savant qu'on est ; la seconde, c'est que les pianistes amateurs, obligés de fréquenter le monde, ne doivent point négliger d'apprendre ce qu'on joue dans le monde, savoir : des quadrilles, des valses et des polkas ; la troisième, c'est que les airs variés, les fantaisies, les caprices à grand fracas, surchargés de fusées chromatiques, de traits infernaux, de points d'orgue interminables, ne servent, le plus souvent, qu'à démancher les poignets, à user la poitrine et les pianos, à corrompre le goût musical, à donner de la mesure une idée complètement fausse ; car, à chaque minute, dans ce dévergondage d'idées mélodiques, le pianiste humanitaire altère le mouvement rhythmique et se jette à corps perdu dans les *ad libitum*. Qu'arrive-t-il de là ? C'est que, du moment où on l'enserre dans une mesure mathématiquement régulière, comme celle de la contredanse ou de la valse, il tombe du haut de sa grandeur et s'embourbe à plaisir.

Je répète donc, avant de quitter le domaine des mesures, qu'il n'est pas dangereux, pour les pianistes amateurs et même artistes, de s'exercer parfois sur un quadrille, une valse ou une polka, pourvu néanmoins qu'on les apprenne avec méthode et qu'on fasse un choix intelligent parmi ces compositions légères...

Maintenant, entrons de pied ferme sur le terrain des mouvemens ; il est voisin des mesures : ce sont des frères et sœurs qui voyagent toujours ensemble.

— Qu'entend-on, en musique, par *mouvement* ?

— On entend le degré de lenteur ou de vitesse qu'on donne à la mesure et conséquemment au morceau lui-même.

— Y a-t-il plusieurs sortes de mouvemens ?

— Il y en a trois principaux.

— Quels sont-ils ?

— Les mouvemens lents, les mouvemens modérés et les mouvemens vifs.

— Ne s'indiquent-ils pas à la clé par des mots italiens ?

— Oui.

— Pourquoi pas par des mots français ?

— Nous n'en savons rien.

C'est qu'il n'y a pas de raison valable qui justifie cet usage singulier. En effet, notre langue est parlée dans toute l'Europe musicale et mille fois plus répandue que la langue ultramontaine : très souvent on est obligé de mettre le mot français à côté du mot italien pour faciliter, chez nous, l'intelligence des mouvemens et des nuances. Nos compositeurs eux-mêmes semblent s'étudier à prodiguer, dans leurs œuvres, ces expressions exotiques ; à choisir, parfois, les moins populaires et les plus inutiles, de sorte que l'exécutant perd un temps considérable à se frapper le front pour savoir ce que l'auteur a voulu dire. « Mais, nous objectera-t-on, c'est l'usage, et l'usage fait loi, » Pourquoi donc ne pas changer les lois quand elles sont mauvaises ? On ne doit respecter que ce qui est vraiment respectable... Encore une fois, pardon, aimables lectrices ; l'ardeur des combats me dévore; l'odeur de la poudre me fait tressaillir!... Allons! ami, suspends ta carabine, garde ta bravoure pour les temps de guerre. Aujourd'hui, tu vis en pleine paix, entouré de gracieux visages qui suivent assidûment tes entretiens familiers. Ne te mets pas en colère, tes conseils seraient mauvais...

— Dites-nous par quels mots italiens on indique, à la clé, les mouvemens lents?

— Par les mots : *grave, largo, larghetto, lento, adagio.*

— Et les mouvemens modérés ?

— Par les mots : *andante, andantino, moderato.*

— Et les mouvemens vifs ?

— Par les mots : *allegro, allegretto, presto, prestissimo, vivace.*

— Réduisez ce chiffre à la plus stricte nécessité ? Nommez le principal indicateur des mouvemens-types ?

—*Adagio, andante, allegro.*

— Maintenant, expliquez tous les termes italiens énumérés en premier lieu?

— Le mot *grave* signifie grave, majestueux ; c'est le plus lent de tous les mouvemens, celui qu'on emploie de préférence dans les morceaux graves de musique religieuse.

Le mot *largo* signifie *largement*, il jouit à peu près des mêmes avantages que le *grave*.

Le *larghetto* n'est autre chose que le diminutif de *largo*, par conséquent il exprime un degré de moins dans la lenteur ; il est aussi beaucoup en usage dans le genre sacré.

Le mot *lento* se traduit, comme tout le monde le sait, par *lentement.*

C'est encore un proche parent du *largo*. Beaucoup de compositeurs les emploient indistinctement.

Le mot *adagio*, qui veut dire *doucement, commodément*, est, aujourd'hui, considéré comme le type des mouvemens lents dans la musique profane.

Andante, qui vient du verbe *andare*, aller, marcher, exprime un mouvement modéré ; c'est absolument le pas d'une personne qui marche sans se presser.

Andantino, diminutif d'*andante*, indique un peu plus de vitesse ; il implique, en même temps, d'après l'usage, l'idée d'une exécution gracieuse qui, du reste, est plus explicite quand on lui adjoint le mot *grazioso*.

Moderato veut dire *mouvement modéré*.

Allegro, qui vient d'*allegrezza*, joie, signifie mouvement rapide, gai : la gaîté n'est jamais lente.

Allegretto, diminutif d'*allegro*, veut nécessairement dire *moins vite*. On n'aurait pas tout-à-fait tort de le classer parmi les mouvemens modérés.

Presto signifie *vite*.

Prestissimo, *très vite* : le plus rapide de tous les mouvemens.

Vivace, vif.

Allegro vivace exprime la même rapidité que le prestissimo.

Allegro moderato, vitesse tempérée.

Allegro maestoso, vif et majestueux, implique une certaine grandeur, un caractère de majesté dans l'exécution.

Allegro con fuoco, avec feu, indique de la chaleur, de l'entraînement.

Allegro scherzando, en badinant, demande de la légèreté, de l'entrain.

Allegro con brio, brillant, demande une exécution brillante, à effet.

Allegro presto, allegro très vif.

Allegro marziale, mouvement de marche, demande le caractère résolu, accentué de la marche.

Allegro giocosamente, agréablement, à peu près la même signification qu'*allegro scherzando*.

Allegro assai, vitesse assez marquée.

Allegro non troppo, vitesse modérée.

Allegro ma non tanto, même signification.

Allegro molto, grande vitesse.

Poco adagio, un peu moins lent qu'*adagio*.

Adagio sostenuto, lenteur soutenue pendant tout le morceau.

Andante con moto, andante un peu mouvementé.

Andante
Andantino }*grazioso*, } *Andante* *Andantino* } gracieux.

Andante con anima, avec âme, sentiment.

Andante affettuoso, andante affectueux.

Largo doloroso, mouvement large et expression triste.

Andante maestoso, andante majestueux.

Andante religioso, andante religieux.

Andante mosso, andante animé.

Andante quasi allegretto, presque le mouvement de l'allegretto.

Poco presto, un peu vite.

Più presto, plus vite.

Rallentando, en ralentissant.

Ritardando, en retardant.

Ritenuto, en retenant le mouvement.

Animato, en animant le mouvement.

Comodo, commodément, à l'aise.

Cantabile, chantable, un peu moins lent qu'*adagio*, demande qu'on chante avec grâce. *Adagio et cantabile* vont souvent de compagnie.

Brioso, vif, éclatant.

Accelerando, en accélérant le mouvement.

Stringendo, en serrant le mouvement.

Ad libitum, à volonté.

A piacere, à plaisir.

Poco a poco, peu à peu.

Siciliano, mouvement de sicilienne, comme l'*andante*, mais d'un rhythme plus marqué.

Alla pollaca, mouvement de polonaise, c'est à dire allegretto animé.

Alla capella, *alla breve*, sorte de mesure à deux temps, très vive, dont on se servait beaucoup autrefois dans les finals de la musique religieuse, et qui se composait, assez ordinairement, d'une ronde par chaque temps, et quelquefois d'une blanche seulement.

Alla militare, à la militaire, c'est à dire avec le caractère qui convient à ce genre de musique.

Tempo di marcia, le même caractère que l'allegro maestoso.

Tempo giusto, mouvement modéré, convenable au morceau.

Tempo di minuetto, mouvement de menuet, c'est à dire allegro animé.

Tempo primo, premier mouvement, indique de revenir au degré de lenteur ou de vitesse qu'on avait adopté d'abord, et dont on s'était écarté selon l'exigence du morceau.

— Rappelez-nous donc, en terminant cette nomenclature, la définition du mot *temps?*

— C'est, comme le dit fort bien **M. Castil-Blaze**, *la mesure du son quant à sa durée.*

— Rien de plus vrai. Mais reposons-nous après cette longue tirade que vous avez débitée à merveille.

Ces mouvemens si divers, qu'on applique indistinctement à toutes les mesures, viennent à l'appui de ce que nous disions, dans notre premier entretien, au sujet de la valeur *intrinsèque* et *relative* des figures de notes.

Ainsi, par exemple, si, dans un *adagio*, la ronde dure vingt secondes, dans un *andante* elle n'en durera que dix, et seulement cinq dans un *allegro*.

Ceci n'est qu'approximatif, mais suffit pour vous prouver quelle richesse et quelle variété renferment les sept figures de notes, et quel admirable parti l'on peut en tirer !... Joignez à cela ces milliers de combinaisons de sons que nous avons déjà signalés, et vous serez émerveillés du don précieux que nous fit le Créateur en mettant cette langue sublime à la portée de notre petite intelligence !...

Aimables lectrices, nous atteignons la cinquième étape. Je ne sais si vous trouvez la route trop longue ; quant à moi, je la fais sans fatigue, et je désire même l'allonger le plus possible, afin de me trouver plusieurs fois encore au milieu de mes charmantes compagnes de voyage.

Au lieu de courir à perdre haleine, n'est-il pas plus agréable de s'arrêter de temps en temps pour cueillir une paquerette, admirer un beau site, se désaltérer à la fontaine ou se reposer sur le gazon ? Et d'ailleurs les petites jambes ne sauraient nous suivre. Pourquoi donc nous priver de ce gracieux entourage ? Quant à moi, j'aime à la folie les jolies petites filles bien sages et bien attentives à mes leçons ; je leur promets de nouvelles histoires pour les égayer dans la route. Au revoir, aimables lectrices !

SIXIÈME ENTRETIEN.

« Vous n'avez pas le sens commun, vous jouez tout de tra-
» vers ; allez donc en mesure, mettez donc de l'expression dans ce
» passage, observez donc les nuances ! » Ainsi criait après sa
petite élève un professeur en colère. Si, par hasard, elle osait
demander à ce maître bourru : « Qu'est-ce que l'expression? »
il lui répondait avec humeur : « Comment, vous ne savez pas
» encore ce que c'est que l'expression ! mais tout le monde le
» sait ! mais, moi, je le savais en naissant ! » La pauvre enfant
pleurait de nouveau ; cette boutade inconvenante ne l'instrui-
sait guère ; pourtant sa mère était là : mais elle avait une con-
fiance aveugle dans ce professeur qui lui avait été vanté par madame la baronne une telle, qui était l'ami de la famille, etc., etc.;
elle se plaignait parfois, mais c'était... du peu d'intelligence de
sa fille qui ne savait pas profiter de *si bonnes leçons* !...

Aimables lectrices, je vous en conjure, ne vous laissez pas in-
fluencer dans le choix d'un professeur ! tout dépend des com-
mencemens. Ne croyez pas, avec certaines personnes, qu'il sera
toujours assez tôt de vous adresser à de très bons maîtres (ils
sont bien rares !), quand vos enfans auront été dégrossis par
un musicien ordinaire. Profitez de mon conseil ; commencez
vous-mêmes l'éducation musicale de vos enfans ; je vous en donne
les moyens ; le travail est tout préparé. Suivez la route battue ;
j'espère que vous ne vous égarerez pas.

Vous avez du zèle, de la persévérance ; que faut-il de plus ?
Quand vos chères élèves comprendront parfaitement la théorie
que vous avez sous les yeux, mettez-les aux prises avec un bon
solfège. Si vous vous sentez trop faibles pour les diriger dans

cette nouvelle voie, confiez-les à quelque habile et consciencieux professeur de vocale, et ne permettez l'usage du piano que lorsqu'elles seront déjà familières avec la lecture du rhythme et de l'intonation. Si elles n'ont pas de voix, la lecture rhythmique seule les disposera fort bien à l'étude de l'instrument...

Puisque nous avons parlé *d'expression*, de *nuances*, arrêtons-nous sur ce chapitre qui doit avoir certains rapports avec les *mouvemens*.

— Qu'est-ce que l'expression?

— C'est l'art de donner à la phrase musicale le sentiment, la couleur qui lui convient.

— Qu'entend-on par *nuance*?

— On entend le degré de force ou de faiblesse qu'on donne au son.

— Comment s'indiquent les nuances?

— Par les mots italiens suivans :

Piano ou *dolce*, doux (*p.* ou *dol.* par abréviation).

Pianissimo, pp, très doux.

Mezzo-piano, à demi doux.

Mezza-voce ou *sotto voce*, à demi-voix, sous la voix.

Forte, f, fort.

Fortissimo, ff, très fort.

Mezzo-forte, à demi fort.

Crescendo , *cres.*   en augmentant

graduellement la force du son.

Decrescendo, decres.   en diminuant

graduellement le son.

— Ne réunit-on pas souvent ces deux signes d'expression?

— Oui.

— Que produit cet accouplement?

— Un *son filé*.

— Qu'est-ce qu'un son filé?

— Le son filé   qu'on nomme

aussi *mise de voix*, parce qu'il sert à la bien poser , est l'action de commencer le son très doux , de l'augmenter peu à peu jusqu'au *fortissimo* et de le diminuer ensuite peu à peu jusqu'au *pianissimo*.

—Très bien : vous voyez que les deux barres s'éloignent l'une de l'autre, s'écartent  à mesure que le son augmente,

et qu'elles se rappochent, se resserrent

à mesure qu'il diminue.

C'est au sage emploi de ces figures qu'on doit une grande partie des nuances de l'expression. Le passage subit du doux au fort ou du fort au doux, produit aussi des effets surprenans…..

Le *crescendo* ou le *decrescendo* ne doivent-ils embrasser qu'une note à la fois ?

— Ils peuvent s'étendre sur des phrases, des périodes entières. Les œuvres de Rossini en offrent mille exemples remarquables.

— N'est-ce pas là ce qui donne à l'orchestre une puissance colossale ?

— Oui, certainement.

— Connaissez-vous d'autres mots indicateurs des nuances ?

— Oui. *Sforzando* ou *rinforzando* (par abréviation *rinf.* ou *rf.*), qui signifie : en renforçant le son subitement, sans préparation.

Smorzando ou *diminuendo* (par abréviation *smorz.*, *dimin.*), qui signifie : en laissant le son mourir, s'éteindre peu à peu.

Calando, *perdendosi*, *estinto*, *morendo*, même signification.

Legato, lié.

Staccato, détaché.

Portamento, en portant la voix.

Con gusto, avec goût.

Con grazia, avec grâce.

Con delicatezza, avec délicatesse.

Con calore, avec chaleur.

Con forza, avec force.

Caldamente, chaudement.

Ben marcato, bien marqué.

— N'ajoute-t-on pas quelquefois à l'indication du mouvement d'un morceau, celle non moins utile de l'expression générale qu'on doit lui donner ?

— Oui, nous l'avons déjà vu dans le dernier entretien.

— Donnez encore quelques exemples de ce mariage bien assorti.

— Nous en choisirons de très concluans.

Allegro spiritoso exprime très bien que le morceau doit être dit avec esprit, finesse, gracieuseté.

Largo languidamente n'indique-t-il pas à merveille une certaine langueur, un certain abattement dans l'exécution ?

Adagio espressivo : rien ne peut mieux nous apprendre que l'œuvre à traduire exige beaucoup d'âme, qu'elle doit parler au cœur, impressionner vivement l'auditoire.

— Mais si ces mots sont mis au hasard à la tête d'une composition insignifiante ?

— C'est à l'interprète, s'il a du génie, de savoir trouver de vrais diamans au milieu du strass, de donner la vie à ce cadavre. Nous avons entendu dire que Paganini faisait ainsi sur le violon, comme Talma dans la tragédie.

— Qu'est-ce qui concourt encore, d'une manière remarquable, à l'expression musicale ?

— Ce sont : 1° les *notes d'agrément*, comprises dans les dénominations suivantes : *appoggiatura*, *mordente*, *grupetto* ; 2° les *trilles*, les *roulades*, les *points d'orgue* ; 3° les *piqués*, les *coulés* et les *syncopes* ; 4° les *dièses*, les *bémols* et les *bécarres*.

— Procédez par ordre, et dites-nous d'abord ce qu'on entend par *appoggiatura* ?

— Ce mot vient du verbe italien *appoggiare*, appuyer, qu'on a traduit musicalement par *appoggiature*.

— Ceci nous donne l'explication du mot en lui-même, mais ne nous apprend pas pourquoi on l'applique à la note d'agrément, dite *petite-note*.

— Donnez-nous la définition de la petite note simple, ainsi que la raison péremptoire de cette singulière dénomination.

— C'est une note de surcroît, d'une toute petite figure, comme l'indique son nom, qui se produit sous la forme tantôt d'une noire, tantôt d'une croche et tantôt d'une double-croche. On l'accole à une grosse note qu'elle précède toujours.

— A quelle distance est-elle de cette grosse note ?

— Parfois à la distance d'un ton en dessus ou en dessous ; mais, le plus souvent, elle n'en est éloignée que de quatre *comma*.

— Que veut dire ce mot ?

— Il signifie la *neuvième partie d'un ton*.

— La petite note a-t-elle une valeur intrinsèque, en elle-même ?

— Non ; elle emprunte à sa voisine, dans certains cas, un huitième seulement de sa valeur ; dans d'autres, la moitié ; dans d'autres, les deux tiers.

— Rendez ceci plus explicite.

— Si la petite note est traversée d'une barre, elle prend à peine la huitième partie de la grosse qui la suit.

Exemple :

Si elle n'est pas barrée, et qu'elle précède une grosse note non pointée, elle s'approprie la moitié de la valeur de cette dernière.

Exemple :

Si elle accompagne une note pointée, elle lui enlève, à son profit, les deux tiers de sa valeur.

Exemple :

— Que signifient ces lignes courbes que vous placez entre la petite et la grosse note ?

— Ce sont des *liaisons* ou *coulés* ; elles servent, comme leur nom l'indique, à lier les notes entre elles ; on coule, pour ainsi dire, d'une note sur l'autre.

— Pourquoi donc affectez-vous encore à la note d'agrément un signe de *decrescendo* ?

— Pour indiquer qu'on doit plus appuyer sur la petite note que sur la grosse ; qu'il faut attaquer un peu fort la première et diminuer le son pour arriver sur la seconde. Voilà précisément ce qui justifie le nom d'*appoggiature* qu'on a donné à la petite note.

— Cette appoggiature a-t-elle au moins un nom de note qui lui soit propre?

— Non, elle l'emprunte encore à la grosse note qu'elle précède ; c'est une espèce de parasite qui vit du bien d'autrui.

— Mais elle apporte bien quelque chose en retour?

— Oui, car elle orne le discours musical en donnant un accent et une couleur particuliers à la phrase. Le chanteur et l'instrumentiste lui doivent des remercîmens : en mille occasions elle les fait briller.

— Quand la petite note est barrée, ne la baptise-t-on pas d'un nom qui la peint à ravir ?

— On l'appelle *jetée* : en effet, lorsqu'on exécute ce genre d'agrément, on semble jeter le son, s'élancer de la petite à la grosse.

— Ne peut-on pas placer cette sorte de petite note à une tierce et même à une sixte en dessus ou en dessous de la note principale ?

— On le peut très bien ; rien n'empêche de la placer même à d'autres distances, surtout dans la musique instrumentale.

Exemple :

— Que signifie *mordente?*
— Mordant : du verbe *mordere*, mordre.

Ce terme, pris au figuré, s'applique à une double petite note qui s'emploie beaucoup dans les passages brillans : quand on l'exécute, il semble qu'on pénètre dans le son, qu'on y mord comme une vrille mord dans du bois. La répétition fréquente de cet ornement imprime à la phrase un caractère d'énergie remarquable, quelque chose d'original, de très accentué.

Exemple :

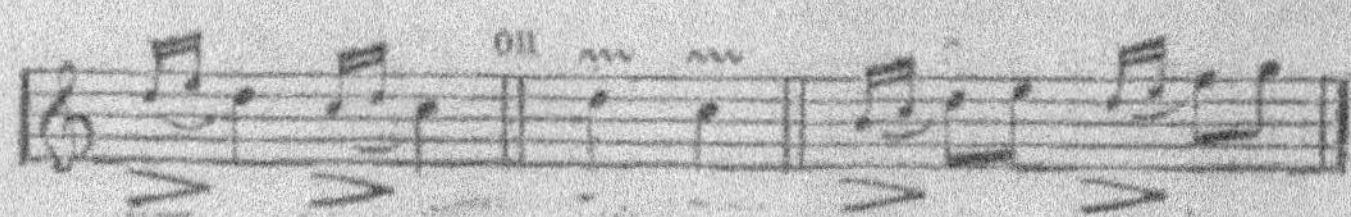

Comme on le voit, il est souvent possible d'indiquer cette espéce d'agrément par un zig-zag : c'est le signe abréviateur.

— Qu'entend-on par *grupetto ?*

— On entend un petit groupe de trois, quatre ou cinq notes d'agrément qu'on appelle vulgairement *tour de gosier*, parcequ'en effet le chanteur tourne autour de la note avant de l'atteindre.

Exemple :

— D'où vient le mot *trille?*

— Du substantif italien *trillo*, qui signifie roulade, frédon : le trille est, en effet, le principe de la roulade. C'est ce que nos bons pères avaient, bien à tort, appelé *cadence.*

— Donnez une définition du trille.

— « Le trille consiste, comme le dit M. de Garaudé, dans le » battement alternatif de la note sur laquelle il est placé avec » une autre note à un degré au dessus. Quand il est bien exé— » cuté, il doit faire entendre une espèce de martellement » lié. » On pourrait le comparer à un roulement de tambour. Pour apprendre l'un comme l'autre, il faut d'abord détacher lentement les deux coups de gosier ou de baguette, puis augmenter de vitesse graduellement jusqu'au presto. Un virtuose donnera seul une idée parfaite de cet ornement qui doit être perlé. Rien de plus ravissant que de voir madame Persiani ou madame Damoreau se jouer à travers cette fine dentelle, voltiger d'un trille à un autre comme l'abeille de la rose au jasmin.....

C'est un genre d'agrément qui demande une longue étude ; il est plus difficile encore pour la voix que pour l'instrument.

— Donnez quelques exemples du trille.

— En voici plusieurs :

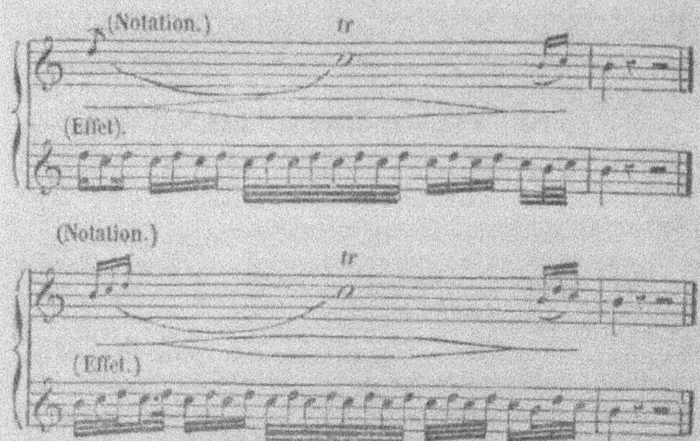

Ces exemples sont tirés de l'excellente Méthode de chant de l'auteur que nous venons de citer.

Aimables lectrices, nous approchons des questions les plus intéressantes et les plus vitales de la théorie musicale. Je tâcherai de les traiter avec tout le développement qu'elles méritent, et de faire pénétrer quelques rayons de soleil dans les ténèbres profondes dont on les a trop souvent enveloppées.

Jeunes mères de famille, continuez à m'encourager par votre attention soutenue, par quelque gracieux sourire. Je suis comme les petits enfans, j'adore les douceurs !...

Et vous, chères élèves, qui voulez bien, un instant, abandonner vos joujoux pour venir m'entendre, efforcez-vous de graver dans votre mémoire le souvenir de ces conversations intimes ! Peut-être me bénirez-vous, un jour, d'avoir su vous rendre faciles ces préceptes en apparence inabordables, Oh ! alors, je me trouverai généreusement récompensé de ma peine ! Y a-t-il un trésor sur la terre qui puisse valoir votre charmant suffrage ?...

SEPTIÈME ENTRETIEN.

Par une belle matinée de printemps, je me promenais seul dans le bois de Verrière, rêvant ruisseaux, cascades, fleurs champêtres, musette, flûte de Pan, faunes et sylvains, Tityre et Mælibée.... bientôt m'arrivent quelques sons lointains d'une voix enchanteresse : c'était comme le souffle caressant d'une brise harmonieuse. Je prête l'oreille ; le chanteur s'approche, et j'assiste gratuitement au concert du virtuose invisible. Vous eussiez dit quelque Rubini posté derrière un chêne et me ménageant une agréable surprise. Mon œil curieux plonge à travers les clairières pour découvrir ce prodige inconnu ; mais le musicien était de si petite taille qu'il se trouvait caché par une feuille : le vent se chargea d'écarter la feuille, et je vis mon confrère, perché sur une branche, qui se donnait plus de mal qu'un ténor à 60,000 fr. d'appointemens. Aimables lectrices, vous avez déjà deviné son nom. Ce n'est pas de lui, du reste, dont Lafontaine a dit :

> « .... Si votre ramage
> » Se rapporte à votre plumage... »

car le rossignol n'est pas beau : j'en veux au créateur de ne l'avoir pas mieux partagé, quant au physique. N'importe. J'étais sous le charme de ce petit larynx adorable ; je me croyais encore aux leçons de Ponchard : c'étaient des sons filés, des trilles, des roulades sans fin...

Justement je cherchais, à cette époque, une bonne et

simple définition de la *roulade*, qui pût faire image et frapper l'esprit des enfans. « Tiens ! me dis-je tout-à-coup, le ciel me favorise, j'ai sous la main la solution du problème ! La roulade, *c'est le chant du rossignol* !... » Et je m'en vais, tout joyeux, faire part de ma trouvaille à l'un de mes amis d'enfance, qui habitait Sceaux et chez lequel j'étais venu respirer l'air pur de la campagne...

Petits enfans, voulez-vous ne point oublier ce que c'est que la roulade ? rappelez-vous les divines vocalises de ce chantre de la nature. Plus tard, si vous êtes sages, vos mamans vous conduiront place Ventadour, et là, sous des lambris dorés, à l'éclat de mille bougies, vous entendrez *le Rossignol d'hiver*, la céleste Persiani qui, je crois, l'emporte sur l'oiseau merveilleux...

— Dites-nous l'origine du mot *roulade* ?

— Ce mot vient de ce que la voix semble rouler de haut en bas (*il rotolare d'alto in basso*), en exécutant sur une seule syllabe des traits rapides, des gammes chromatiques, etc.

— D'où vient le mot *chromatique* ?

— Du substantif grec χρῶμα, qui signifie *couleur*. En effet, une gamme chromatique est plus colorée (figurativement), plus nuancée qu'une gamme diatonique.

— Pourquoi cela ?

— Parce que ses degrés sont plus rapprochés les uns des autres, se fondent davantage ensemble, puisque l'on coupe chacun des tons de la gamme chromatique en deux parties, l'une composée de cinq *comma* (neuvième de ton), et l'autre de quatre.

— Comment nomme-t-on chacune de ces parties inégales ?

— On les nomme improprement des demi-tons ; pour que ce fût de véritables demi-tons, il faudrait égalité dans chaque partie.

— Pourriez-vous mettre sous nos yeux un exemple de gamme chromatique ?

— Non, pas encore : attendons le chapitre des dièses et des bémols.

— Vous avez raison : plus tard l'occasion se présentera tout naturellement. Mais avant de quitter cette digression, et puisque nous avons déjà des données sur le *genre diatonique et chromatique*, pourrions-nous savoir s'il existe un troisième genre en musique ?

— Oui : c'est l'*enharmonique*.

— Qu'entend-on par ce mot ?

— Les Grecs entendaient un genre de musique qui procédait par intervalles moindres que le demi-ton. Comme la

musique moderne n'offre pas de ces petits intervalles dans l'é-
chelle des sons, le genre enharmonique n'est employé par nous
que pour les transitions d'accords, les feintes d'harmonie.

— Vous avez raison. Tenez, vous allez le comprendre à merveille. Par l'enharmonique une note change de nom sans changer de son, du moins sur le piano ; car avec la voix ou tout autre instrument de musique, il doit y avoir un *comma* de différence. Anticipons un instant. *Do dièse*, comme vous le saurez
plus tard avec détail, est à cinq *comma* au dessus de *do naturel*,
et *re bémol* à *quatre* seulement. Eh bien ! *do* dièse et *re* bémol
sont regardés, sur le clavier, comme synonymes l'un de l'autre,
et forment *enharmonique* lorsqu'on passe du premier au second
ou du second au premier. Cette curieuse transformation, quand
elle est bien ménagée, produit des merveilles musicales : nous
l'étudierons plus au long quand il en sera temps. Revenons aux
roulades.

A quel genre de musique conviennent-elles ?

— Au genre profane. Les airs d'opéra, les morceaux de concert
sont tous plus ou moins riches de ce genre d'ornement, qui fait
briller le talent des chanteurs.

— N'en abuse-t-on pas quelquefois ?

— Oh ! certainement, et rien n'est plus insipide qu'une profusion de roulades lors même qu'elles sont exécutées avec une
rare perfection.

— Servent-elles à l'expression du morceau ou seulement à sa
parure ?

— A l'une et à l'autre : s'il exige du brillant, de la légèreté,
de la grâce, elles lui donnent tout cela avec profusion ; mais s'il
est sévère, grandiose ou langoureux, il faut être assez fort pour
se priver de leurs charmes séducteurs.

— Alors la musique sacrée doit en être sobre ?

— Elle doit même les méconnaître.

— Qu'est-ce qu'un *point d'orgue* ?

— C'est un signe ⌢ qui se place sur les notes ou sur les
silences pour indiquer qu'on peut s'y arrêter à volonté.

— Quelle est l'origine de cette dénomination ?

— La voici : le son d'un orgue est produit par le vent qu'on
fait arriver dans les tuyaux au moyen d'un soufflet ; tant qu'on
a le doigt sur la touche et que l'air est mis en mouvement le son
ne cesse pas d'être entendu. On peut donc faire parler la note
pendant un temps indéterminé : rester dessus *ad libitum*. Eh
bien ! c'est précisément la propriété du point d'orgue d'indiquer un arrêt *a piacere* : donc on a bien fait de le nommer
ainsi.

— N'a-t-il pas des propriétés diverses ?

— Oui ; quand il est placé sur la dernière note d'une phrase ou sur un silence, il indique simplement un temps d'arrêt, une suspension de la mesure.

Exemple :

S'il se trouve sur la pénultième (avant-dernière note de la phrase), il annonce à l'exécutant qu'il est permis non seulement de s'arrêter à volonté, mais encore d'ajouter à cette note, affectée du point d'orgue, toute espèce de traits, roulades ou *fiori-tures* avant de se reposer sur la note finale.

Exemple :

— D'où vient le mot *fioriture* ?

— Du substantif italien *fioritura*, qui exprime l'action de fleurir : en effet, les trilles, les *grupetti*, les fusées chromatiques, les appoggiatures ornent, fleurissent une mélodie, lui donnent un air de fête.

— Les règles que vous venez d'établir s'appliquent-elles à la musique sacrée ?

— Non, puisque nous avons dit que ces parures mondaines ne lui convenaient en aucune sorte.

— Le point d'orgue n'est-il pas susceptible quelquefois de recevoir des ornemens, même lorsqu'il est placé sur la dernière note d'une phrase ?

— Oui, si cette phrase en appelle une autre et, surtout, si elle offre un repos bien marqué à chacun de ses membres.

Exemple :

— Indiquez maintenant ce qu'on pourrait ajouter aux points d'orgue.

Voici :

— Très bien... Dites-nous ce qu'on entend par *notes piquées*, *notes détachées*.

— On entend des notes que l'on sépare toujours les unes des autres, dans l'exécution, et auxquelles, par conséquent, on donne moins de valeur qu'elles n'en présentent sur le papier.

— Quels sont les signes du *piqué* ?

— Ce sont de petites virgules placées au dessus des notes.

— Quelle portion de valeur ou de durée le *piqué* ôte-t-il à la note ?

— Les trois quarts : ainsi une noire *piquée* ne vaut pas plus qu'une double-croche.

Exemple :

— Et les notes *détachées* ?

— Ce sont celles qui ont la tête surmontée d'un petit point.

— Quelle valeur les *détachés* enlèvent-ils à la note ?

— La moitié de sa durée.

Exemple :

— Ne doit-on pas exécuter les *piqués* plus légèrement que les *détachés* ?

— Oui.

— Et quand les notes, surmontées de petits points, ont encore par dessus ce point une ligne courbe qui semble les unir, que faut-il faire ?

— Il faut appuyer plus lourdement sur chaque note et les détacher à peine, de manière à leur conserver les trois quarts de leur valeur.

Exemple :

— Qu'entend-on par *notes coulées* ?

— Des notes qu'on ne sépare jamais les unes des autres dans l'exécution ; on peut les comparer aux anneaux d'une même chaîne.

— Par quel signe les indique-t-on ?

— Par une ligne courbe, appelée *liaison*, qui s'étend au dessus ou au dessous de toutes celles qui doivent être faites d'un seul coup de larynx ou d'un seul coup d'archet.

— Comment coule-t-on les notes sur le piano ?

— C'est assez difficile, et jamais on n'arrive à le faire aussi parfaitement sur un clavier qu'avec la voix ou le violon, par exemple.

— Mais enfin comment s'y prend-on ?

— Supposez qu'il y ait à la main droite *sol, la, si, do, re*, du *medium*, vous frappez le *sol* avec le pouce que vous ne levez que juste au moment où le second doigt attaque le *la*, de manière que les deux touches simulent un mouvement de bascule ; de même vous ne quittez la seconde note qu'à l'instant précis où la troisième est attaquée. Ainsi du reste.

— Donnez un exemple de notes coulées.

— En voici un :

— Dans beaucoup de passages, les piqués et les coulés ne fonctionnent-ils pas à tour de rôle?

— Oui.

Exemple :

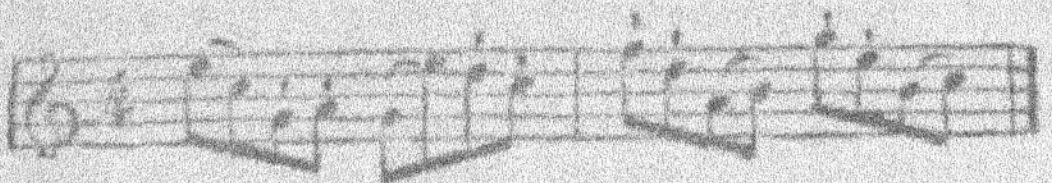

— Quand deux notes sont liées ensemble, n'appuie-t-on pas plus sur la première que sur la seconde?

— Oui.

— La seconde ne perd-elle pas aussi, dans cette circonstance, quelque chose de sa valeur?

— Oui, la moitié.

Exemple :

— Emploie-t-on, dans la notation musicale, d'autres signes que ceux déjà connus?

— Oui : les *renvois*, les *reprises*, les *guidons*, les *accolades* et les *abréviations*.

— Parlez-nous d'abord des renvois.

Le renvoi, dont on va trouver la figure dans l'exemple ci-après, est un signe qu'on place à la fin d'une période, qui indique de revenir à l'endroit où se trouve un autre signe semblable, et de recommencer jusqu'au mot *fin*.

Exemple :

— Ne met-on pas quelquefois des mots italiens à la place de ce signe ou même avec lui pour compléter l'indication ?

— Oui ; ce sont les mots : *da capo al fine* (du commencement à la fin).

— Qu'entend-on par *reprise?*

— La reprise est une espèce de renvoi : voici en quoi elle consiste. Tantôt, dès le commencement, et tantôt dans le courant d'une œuvre musicale, vous rencontrez deux petits points placés à droite d'une première double barre ; vous allez plus loin et vous en apercevez deux autres placés à gauche d'une seconde double barre : eh bien ! ces deux derniers indiquent qu'avant de passer outre il faut reprendre depuis les premiers points, c'est à dire toute la partie du morceau renfermée entre les deux doubles barres.

Exemple :

— Qu'est-ce qu'un *guidon?*

— C'est un petit signe en zig-zag ⌇⌇⌇ qui sert à indiquer à l'avance la première note de la portée suivante en se plaçant sur la ligne ou dans l'interligne que cette note doit occuper : véritable avant-coureur, fort utile surtout pour un chef d'orchestre.

— Qu'entend-on par *accolade?*

— Le signe ou trait de plume qui unit deux ou plusieurs portées .

Exemple :

— Parlez-nous des *abréviations?*
— Il y a des abréviations de notes et de silences.
Nous allons en donner quelques exemples :

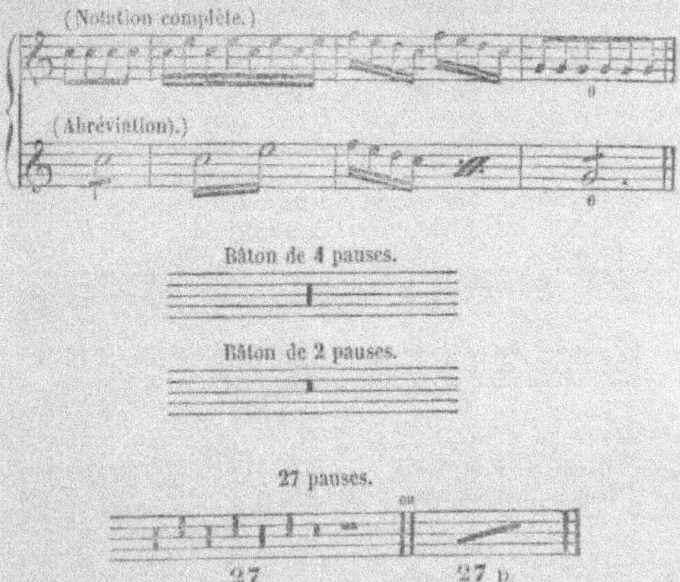

Il est temps, aimables lectrices, de nous retirer dans nos tentes. Sept fois déjà nous sommes descendus dans la lice ; sept
fois nous avons combattu chaleureusement pour le triomphe de
la bonne cause !... Prenons un instant de repos, et, dès demain,
revenons à la charge, plus frais et plus dispos que la veille.

Il est si doux, Mesdames, et si glorieux tout à la fois, de marcher sous votre égide, de conquérir vos suffrages !

HUITIÈME ENTRETIEN.

Ces jours derniers, je suis accosté, dans la rue Vivienne, par un mélomane au petit pied qui me dit : « Vous êtes M. Martin » d'Angers ? — Oui, Monsieur. — Vous publiez un travail sur » la théorie musicale ? — Oui, Monsieur. — Vous en êtes aux » *syncopes* ? — Oui, Monsieur. — Oh ! je vous en conjure, par » tout ce qu'il y a de plus sacré sur notre planète, faites une » bonne fois le procès à ces abominables syncopes ! débarrassez » le mobilier musical de ce meuble inutile, incommode ! Je » parle un peu pour moi qui les ai prises en grippe. Toutes les » fois que j'en aperçois une, je crois avoir devant les yeux la tête » de Méduse ; je les voudrais anéanties pour toujours, car je » n'ai jamais pu ni les comprendre ni les exécuter. Et d'ailleurs » que viennent-elles faire dans la musique ? Apporter le trouble, » la discorde ! ne détruisent-elles pas, à chaque instant, l'har- » monie régulière du rhythme ? ne sont-elles pas sans cesse en » dispute avec la mesure dont elles bouleversent les *temps* à ne » plus s'y reconnaître ? N'est-ce pas, Monsieur, que vous aurez » égard à tant de bonnes raisons et que vous leur donnerez la » chasse pour me faire plaisir ?... »

Je ne répondis rien ; j'étais anéanti. « Cet homme est fou, me » dis-je à part moi. » J'avais bien envie de lui brûler la poli- tesse ; mais il me vint une sage pensée.

Je me rappelai que, dans une visite faite à Bicêtre, j'avais entendu des idiots exécuter des chœurs avec une certaine per- fection : ainsi, grâce au zèle éclairé de M. le docteur Voisin, l'un des médecins en chef de l'établissement, ces pauvres têtes nertes avaient pu recevoir la nourriture musicale et goûter les charmes de l'harmonie. Je réfléchis donc à l'instant qu'il ne serait peut-être pas impossible de ramener à la religion de l'art ce mécréant exalté.

Après une assez longue pause je lui dis : « Monsieur, vous
» me semblez bien en colère contre les syncopes ; vous avez tort,
» car elles sont une des plus grandes ressources du rhythme mu-
» sical, et produisent, en mainte occasion, des effets surpre-
» nans. Lorsque j'étais élève, je partageais votre aversion : la
» mienne s'étendait même à la mesure à $\frac{6}{8}$ qui était pour moi
» lettre close ; mais il faut dire qu'on ne m'avait jamais bien
» expliqué ces difficultés théorico-pratiques. Vous êtes proba-
» blement dans le même cas, et je prétends vous convertir.
» Donnez-vous la peine de lire le chapitre que je vais écrire sur
» les syncopes, et si, après cela, vous ne les comprenez pas
» assez pour les exécuter parfaitement, je vous permets... d'aller
» vous jeter à la Seine. »

Comme ce Monsieur n'avait pas la moindre idée de suicide, il me remercia du remède et me promit de suivre fidèlement l'ordonnance. Jeunes mères de famille, c'est sur ce point important que nous allons appuyer aujourd'hui. J'ai plus besoin que jamais de votre joyeuse assistance. La route est jonchée de ronces et d'épines ; vous saurez les changer en fleurs, en tapis de verdure. Je m'abandonne donc entièrement à la tutelle de mes jolies lectrices.....

— D'où vient le mot syncope?

— De deux mots grecs : συν, avec, et κόπτω, je coupe.

— Dites-nous ce que l'on *coupe.*

— On coupe la note.

— *Avec* quoi?

— Avec le temps ou la barre de mesure.

— Expliquez-vous plus clairement.

— La syncope (en principe), est la prolongation, sur un *temps fort,* d'un son commencé sur un *temps faible.*

— Qu'est-ce qu'un *temps fort?* qu'est-ce qu'un *temps faible?*

— Le temps fort est celui sur lequel on appuie davantage, qui a plus d'importance dans la mesure et qui peut être frappé. Le temps faible est à l'inverse du premier et ne peut jamais être frappé. Ainsi, dans la mesure à quatre temps, le premier et le troisième sont forts, le second et le quatrième sont faibles : dans la mesure à deux temps, le premier est fort et le second est faible : dans la mesure à trois temps, le premier seul est fort, les deux autres sont faibles.

— Mais vous avez avancé que chaque temps fort pouvait être frappé : dans la mesure à quatre, on ne frappe pourtant pas le troisième ?

— Non, sans doute, mais on pourrait le frapper. Divisez la mesure à quatre temps en deux mesures à deux-quatre, et le troisième temps de la première deviendra le premier temps de la seconde.

— Très bien. Maintenant, pourquoi la syncope commence-t-elle plutôt sur un temps faible que sur un temps fort ?

— La raison en est bien simple. Si vous commencez la syncope sur un temps fort pour la finir sur un temps faible, vous faites une prolongation de son et rien autre chose : vous ne dérangez pas la carrure du rhythme, vous n'établissez pas une marche à contre-temps, donc vous ne produisez pas une syncope. Ainsi, attaquez une blanche sur le frappé de la mesure à quatre, vous verrez si c'est la même chose que de l'attaquer sur le deuxième temps.

Dans le second cas, le rhythme est tout changé.

Exemple :

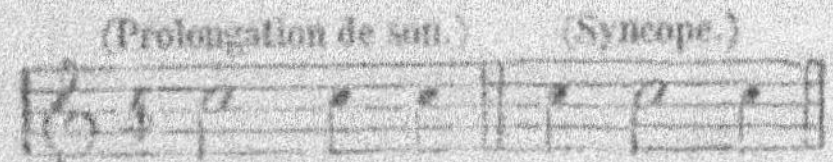

— Vous venez de dire que la syncope établit une marche à contre-temps ; jusqu'ici nous ne voyons rien de semblable.

— Un peu plus loin nous en donnerons des preuves nombreuses; mais déjà, dans l'exemple précédent, il s'en trouve une excellente.

— Produisez-la.

— Supposez que la mesure syncopée, écrite, plus haut, à quatre temps, se batte à deux, vous aurez, pour le premier temps, la noire et la moitié de la blanche, et, pour le second, l'autre moitié de la blanche et l'autre noire.

Vous n'attaquerez donc pas la note syncopée avec le temps, puisqu'il la coupe en deux, et par cela même, vous établirez une marche à contre-temps.

Exemple :

— Y a-t-il plusieurs espèces de syncopes ?
— Il y en a trois.

— Faites-nous les connaître.

— 1° La syncope régulière d'une seule note : par exemple une blanche entre deux noires ou une noire entre deux croches : nous la connaissions déjà.

2° La syncope régulière de deux notes placées, la première, à la fin d'une mesure, la seconde, au commencement d'une autre et réunies par un trait.

Exemple :

La liaison indique de n'attaquer que la première note et de tenir le son pendant la valeur de la seconde sans la faire sonner.

3° La syncope irrégulière ou brisée qui se compose de deux notes d'inégale valeur.

Exemple :

On l'appelle *brisée*, parce qu'en effet on brise le son avant la fin *naturelle* de la note.

— Comment cela ?

— Dans l'exemple précédent, chaque syncope est formée de deux notes unies par un trait, mais ces deux notes n'en représentent qu'une. Ainsi la première syncope, pour être régulière, devrait se composer de deux blanches, représentant une ronde; la seconde de deux noires, représentant une blanche. Eh bien ! puisqu'il n'en est pas ainsi, il y a donc irrégularité, *brisure* du son.

— C'est logique. Mais revenons sur nos pas. En prouvant que la syncope établissait parfois une marche à contre-temps, n'avez-vous pas fait commencer la note sur la seconde partie du temps fort ?

— Oui.

— Vous ne vous rappeliez donc plus cette règle que vous veniez de consacrer : « La syncope doit commencer sur un temps » faible et finir sur un temps fort ? »

— Si, parfaitement ; mais nous avions oublié d'ajouter cette importante remarque : « Tous les temps, faibles comme forts, » renferment une partie forte et une partie faible : la première » est nécessairement forte ; donc, si l'on commence une note

» syncopée sur la seconde, qui est faible, on ne va pas contre
» la règle, on l'observe même très rigoureusement. »

— Allons, il n'y a pas moyen de vous prendre!... Pouvez-
vous donner quelques nouveaux exemples qui nous fassent
toucher au doigt la marche à contre-temps engendrée par une
suite de syncopes?

— Oui. Plusieurs noires entre deux croches, ou plusieurs croches entre deux doubles, produisent mathématiquement l'effet
demandé.

Exemple :

Les petites barres verticales qui coupent les deux notes liées,
marquent la division de la mesure. On voit, par cet exemple,
que la note syncopée ne prend jamais au commencement, mais
bien au milieu du temps, ce qui constitue une marche à contre-
temps des plus faciles à saisir pour l'œil et pour l'oreille.

— Peut-on commencer et terminer une syncope dans un seul
et même temps?

— Oui.

— Un exemple, s'il vous plaît?

— Voici :

Enfin il y a syncope toutes les fois qu'une ou plusieurs notes,
de plus grande valeur, se trouvent entre deux notes de moindre
valeur, quelle que soit la place qu'elles occupent dans la mesure.

— Quand on exécute une syncope, faut-il appuyer plus avec
la voix, sur la seconde moitié de la note syncopée que sur la
première?

— Non.

— Pourtant, cette seconde moitié se trouve sur le temps fort
ou sur la partie forte du temps ; et vous avez dit, plus haut,
qu'il fallait toujours appuyer plus sur le temps fort que sur le
temps faible.

— C'est vrai ; mais, dans le cas présent, il est recommandé

d'appuyer davantage sur le temps faible ou la partie faible du temps pour éviter d'enfreindre les lois de l'*euphonie*.

— D'où vient ce mot?

— Du substantif grec *euphonia*, composé d'εὖ, bien, et φωνή, voix, c'est à dire son agréable d'une voix ou d'un instrument, et, par extension, passage mélodieux, nuancé, sans duretés mélodiques.

— Cette explication suffit pour le moment; plus tard, l'étude des dièses et des bémols nous fournira l'occasion de la compléter.

— Donnez seulement un exemple de la manière dont on doit exécuter les syncopes.

— C'est très facile : voyez :

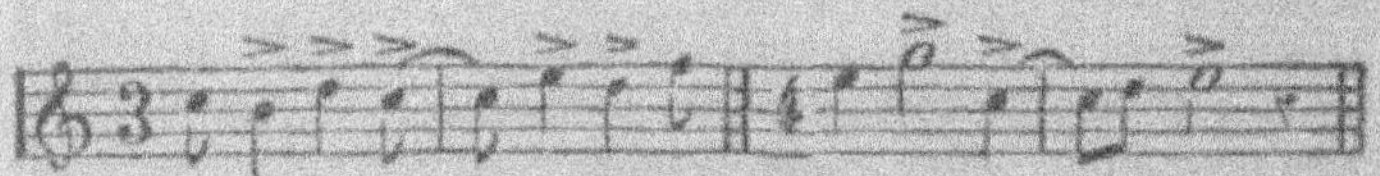

— Montrez-nous quelque chose comme des voix qui ont l'air de se disputer, de courir les unes après les autres.

— Voici :

1re Partie. *Allegro vivace.*

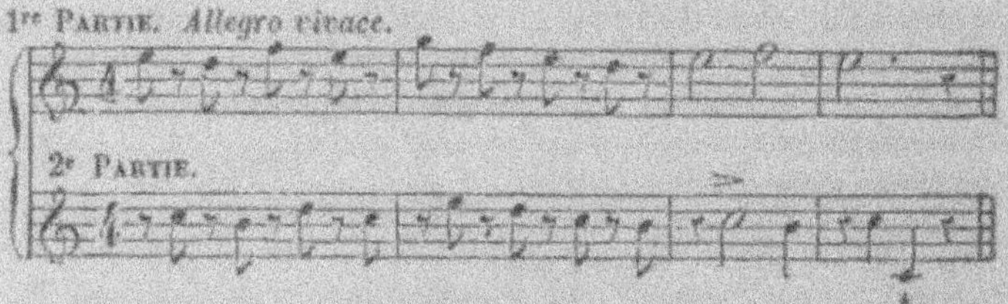

— Parfait, délicieux !

M. Panseron, dans ses solféges à deux voix, a fait une charmante esquisse de cette espèce de caquetage dont on trouve de nombreux exemples dans les *opéras bouffes*. . . .

Je venais de terminer ce travail sur les syncopes et je le portais à mon éditeur, quand je rencontre, pour la seconde fois, le singulier monsieur malade d'une indigestion de syncopes : « Eh bien ! me dit-il, le remède est-il préparé? pouvez-vous me » l'administrer à l'instant même? si vous tardez d'un jour, je » me fais sauter la cervelle. N'avez-vous nul souci de la vie d'un » honnête citoyen ?

» Tenez, malheureux, le voici votre remède; j'ai passé la nuit » pour vos beaux yeux. Lisez et voyez si je n'ai pas droit à votre » voix pour le prix Monthyon !... »

Il n'attend pas que j'aie fini ma phrase, m'arrache mon manuscrit des mains et le dévore des yeux. Quand il a tout lu (je me le rappelle avec effroi), il me saute au cou, me serre à m'étouffer et m'embrasse avec effusion. Heureusement pour moi, quelques uns de ses amis, qui passaient en cet instant suprême, me délivrèrent de ce fou furieux et me remirent mon rouleau quelque peu chiffonné. Je remerciai le ciel de ce secours inattendu, puis je continuai mon chemin, clopin-clopant, dans l'état d'un homme qui se réveille après un cauchemar. Si jamais ce fantôme se redresse devant moi, je suis capable d'en mourir de frayeur.... Travaillez donc pour le bien de l'humanité, voilà comme on vous en récompense!... Que dis-je ? aimables lectrices, n'ai-je pas votre gracieux suffrage qui vaut mieux, à lui seul, que toutes les palmes et toutes les couronnes ?...

Voici que nous approchons de la huitième étape. En ralentissant le pas, charmantes petites filles, qui courez à toutes jambes pour nous suivre, vous aurez le temps encore d'entendre une autre histoire.

Je suis assez ennuyeux parfois ; il faut qu'aujourd'hui je me remette dans vos bonnes grâces.

C'était grande fête dans l'institution de Mme de Saint-Ange.

Il y avait concert et bal.

Chaque pensionnaire musicienne s'escrimait sur l'instrument en vogue. On chantait aussi : qui ne chante pas dans le siècle où nous sommes?

Deux sœurs, d'un extérieur fort distingué, d'une figure ravissante, entonnent un *duettino* d'une gaîté franche et d'un goût parfait.

Ce morceau figurait une dispute entre deux matrones. Des effets de syncopes bien ménagés y revenaient à chaque instant. Louise et Clarisse s'en tiraient à ravir, et le rire de bon aloi se propageait dans toute la salle. Une seule mère de famille, placée dans une embrasure de fenêtre, gardait son sérieux et haussait les épaules. Tout-à-coup elle devient rouge-pourpre, se lève en colère, et s'en va droit au piano pour séparer les combattantes. « Il est honteux, Mesdemoiselles, s'écrie cette » dame exaltée, de se moquer ainsi de l'honorable société qui » vous écoute, de courir sans cesse l'une après l'autre en estro- » piant la mesure ! Cessez votre cacophonie ; vous m'attaquez » les nerfs, vous me donnez la fièvre !... »

Cette anti-mélomane allait continuer sa mercuriale, accompagnée de gestes effrayans, si la maîtresse de pension, aidée de plusieurs personnes, ne l'eût entraînée dans une salle voisine pour lui faire respirer des sels. Les deux sœurs furent longtemps à se remettre de cette violente secousse ; mais, de tous côtés, on criait : « *Bis! bis!* » Le désir de briller, si naturel à cet âge, vint leur redonner du courage , et l'auditoire , un instant contrarié, retrouva bientôt sa gaîté expansive. Le *duettino* fit fureur....

Ce n'est pas le seul exemple d'ignorance musicale qu'on puisse citer. Pour ma part, j'en connais bien d'autres ! Il est étonnant que ce *sixième sens*, si fin, si délicat, si développé chez certaines natures privilégiées, présente un si grand vide dans des organisations même parfaites sous d'autres rapports !

Quelle humiliation pour un homme d'esprit , quand il ne lui est pas donné de comprendre cette langue harmonieuse qui vous transporte dans des mondes inconnus !...

Pardon , Mesdames , j'allais devenir philosophe et dépasser l'hôtel des voyageurs qui nous tend les bras !

Bonne nuit, aimables compagnes, reprenez des forces pour le reste du voyage....

NEUVIÈME ENTRETIEN.

Aimables lectrices, avant d'explorer de nouvelles contrées, nous ferons, si vous le permettez, un petit voyage d'écrevisse. On trouve toujours à glaner après la moisson. Il ne faut rien laisser perdre ; nous nous en repentirions quand il ne serait plus temps. Dans mon pays, j'entendais une vieille femme qui répétait toujours à sa fille : « Sois ménagère et tu parviendras... »

Nous ne ferons tort à personne, puisque nous glanerons pour les greniers publics. Peut-être arriverons-nous au but un jour plus tard ! qu'importe ?... Quant à moi, je m'en réjouis. Vilain égoïste, tu te plais dans la société des dames, mais qui te dit qu'elles ne s'ennuient pas dans la tienne ? Je ne veux point approfondir cette question épineuse ; que dis-je ? dussé-je passer pour un orgueilleux, j'aime à croire qu'on ne déteste pas trop mes petits entretiens ! Chacun fait valoir sa marchandise comme il peut. Tout ce que je sais, c'est que mon auditoire ne s'éclaircit pas ; c'est que la brillante cohorte qui me prête son glaive et son bouclier, est plus nombreuse qu'au moment du départ. Vive Dieu ! Quand vous marchez sous de tels auspices, les lances ennemies ne doivent pas vous faire peur !...

Feignons une retraite, à la manière de Turenne ; puis, en avant, le sabre en main !...

— Le bruit de la foudre, est-ce un son musical ?

— Dans l'acception rigoureuse du mot, non ; mais comme effet grandiose, oui.

— Enfin, ses majestueux roulemens sont inimitables.

— Oui et non. Plusieurs compositeurs illustres ont trouvé,

dans l'orchestre, le secret de traduire assez fidèlement cette grande musique atmosphérique.

— Et le bruit d'une voiture?

— Oh! celui-là n'est pas musical le moins du monde! Essayez de le classer dans la gamme connue!

— Il n'y a donc que le son musical qui puisse être apprécié?

— Sans doute.

— Mais qu'entendez-vous par ces mots : *apprécier un son?*

— Comprendre, en l'entendant, quelle est son élévation ou son abaissement; quelle place il doit occuper dans l'échelle diatonique ou chromatique.

Ainsi, le tonnerre grondant avec fureur, vous ne saurez jamais, malgré l'immensité du bruit, malgré sa beauté sans pareille, s'il donne un *sol* ou un *do*, un *la* ou un *re* ; tandis que vous le saurez de suite en écoutant le son d'un cor ou celui d'une cloche.

Le bruit du tonnerre, comme nous le faisions observer plus haut, n'est donc pas musical, dans la véritable acception du mot : donc on ne peut apprécier, *au point de vue de l'art*, que les sons musicaux.

Aimables lectrices, j'aimerais à m'entretenir avec vous des phénomènes curieux qui concourent à la formation du son ; mais je m'écarterais de mon programme, et j'entrerais dans l'acoustique ; je ferais de la science qui chasserait bien vite vos charmantes petites filles, et d'ailleurs, sur ce point, tous les traités de physique vous en apprendront beaucoup plus que moi. Je ne m'adresse pas aux musiciens instruits ; il est donc inutile d'atteindre les hauteurs de la didactique, de voyager dans les nuages : je crains toujours la chute d'Icare....

— Avez-vous bien compris pourquoi l'on a donné aux différentes espèces de notes ces dénominations de : ronde, blanche, noire, etc. ?

— Sans doute ; c'est à cause de leur figure : la croche, par exemple, n'a-t-elle pas un crochet, et la double croche, deux ?

— Mais cette dernière figure ne vaut que la moitié de la précédente ; il serait donc plus logique de l'appeler *demi-croche?*

— Oui ; c'est ce que font les Allemands qui, dit-on, raisonnent mieux que nous.

— Le nom des silences est-il motivé?

— Certainement : la pause est un repos entier ; la demi-pause, un demi-repos ; le soupir, le temps de respirer ; le demi-soupir, une demi-respiration : ainsi du reste.

— Vous avez dit, tout-à-l'heure, que la croche avait un crochet, et la double croche, deux ; mais comment se fait-il que, dans les nombreux exemples où vous avez reproduit ces deux figures de note, les crochets aient disparu pour faire place à une écriture différente ?

— En voici la raison, que nous aurions dû donner tout d'abord. Dans la musique instrumentale, pour éviter de placer à la queue de chaque note brève, un, deux, trois ou quatre crochets, et pour rendre, en même temps, la lecture plus facile, on a imaginé de rassembler ces brèves par deux, trois quatre, six ou huit et même davantage, en unissant toutes les queues d'un même groupe par une seule barre horizontale pour les croches, deux pour les doubles, trois pour les triples et quatre pour les quadruples. Si l'on se sert de quintuples croches, comme cela peut avoir lieu dans un mouvement très lent, il faut, bien entendu, mettre cinq barres. Dans la musique vocale, quand il y a des paroles sous les notes, on groupe, le plus souvent, autant de notes brèves qu'on en exécute sur une seule syllabe; mais, si l'on change de syllabe à chaque note, on doit nécessairement se servir de crochets.

Exemple :

— Très bien, très bien !... Continuons de butiner au hasard. Qu'est-ce que la gamme ?

— C'est la succession des sept sons musicaux auxquels on en joint un huitième qui rappelle le premier.

— Qu'est-ce qu'un intervalle ?

— C'est la distance plus ou moins grande d'un son à un autre.

— Qu'est-ce que l'écriture musicale ?

— C'est l'action de traduire les sons sur le papier au moyen de figures de note.

— Qu'entend-on par *valeur* de note?

— Sa *durée*.

— Dites-nous les *unités* de note et de silence ?

— La ronde et la pause.

— Qu'est-ce qu'un *point d'accroissement ?*

— Celui qu'on place devant une note pour l'augmenter de la moitié de sa valeur.

— Comment nomme-t-on un groupe de trois notes de même espèce ne durant pas plus que deux notes de cette même espèce?

— On le nomme *triolet* ou *triade*.

— Bravo! vous n'avez pas oublié notre première leçon...

— Pourquoi se sert-on de figures de silence?

— Pour remplacer les figures de note quand on veut se taire pendant un temps déterminé.

— Pourrait-on s'en passer?

— Non; pas plus que d'ombre dans un tableau, pas plus que de ponctuation dans le discours.

— Leur valeur correspondant à celle des notes, peut-on les augmenter ou les altérer comme elles?

— Oui, du moins pour la plupart.

— Qu'est-ce qu'une *portée*?

— Ce sont cinq lignes horizontales et parallèles qu'on trace sur le papier pour écrire les notes.

— Qu'est-ce qu'une clé?

— C'est un signe qui sert à ouvrir l'entrée de la musique en déterminant le nom des notes sur la portée.

— Combien y a-t-il de clés?

— Trois : la clé de *sol* 𝄞, de *do* 𝄡 et de *fa* 𝄢.

— Montrez-nous comment elles se placent sur la portée.

— Le voici :

— Mais vous en mettez sept au lieu de trois?

— C'est vrai : la clé de *do* et la clé de *fa* se posent sur plusieurs lignes. Vous nous en direz probablement la raison plus tard.

— Oui : contentez-vous, pour l'instant, de remarquer que la clé de *fa* 4ᵉ ligne, est à une quinte au dessous de la clé de *do* 1ʳᵉ ligne, de même que cette dernière est à une quinte au dessous de la clé de *sol*. Cet intervalle musical, qui sépare les différentes espèces de clés, est précisément la ligne de démarcation la plus naturelle qui existe entre les différentes espèces de voix : le *soprane*, le *ténor* et la *basse*. Vous apprendrez, par la suite, que les trois notes dont les clés ont pris le nom, sont les *toniques* des trois accords parfaits majeurs : *fa, la, do ; do, mi, sol ; sol, si, re*, qui renferment en eux toute la gamme de *do* : *Sed non est hic locus* : chaque chose en son temps... Dites-nous plutôt les subdivisions des voix de femme et des voix d'homme.

— Les voix de femme se divisent ainsi :

1er *Soprane*, dont l'étendue ordinaire est du *do* grave (clé de *sol* ou clé de *do*, 1re ligne) au *la* d'en haut.

Quelques uns montent au *si bémol* et même au *do* aigu, mais c'est une exception.

2e *Soprane*, qui va du *si bémol* grave au *fa*, quelquefois au *sol* d'en haut.

Contr'alte, qui descend jusqu'au *sol* et même au *fa* grave, et ne monte qu'au *mi* bémol, rarement au *fa*. On a vu des voix extraordinaires, comme la célèbre Malibran, monter et descendre presqu'à volonté.

Jusqu'à l'âge de quatorze ou quinze ans, terme moyen, les hommes possèdent une voix féminine dont le timbre est plus argenté, qui peut se classer comme le 1er et le 2e soprane, et dont l'éclat est parfois merveilleux.

Après cette période, il s'opère une transformation complète, et, vers l'âge de dix-huit ans, cette voix passagère se trouve remplacée par une voix virile plus ou moins élevée ; quelquefois aussi l'on perd la première sans en trouver une autre.

Les voix d'homme se divisent ainsi :

1er *Ténor*, dont l'étendue ordinaire est du *re* d'en bas (clé de *do*, 4e ligne), au *sol* et même au *la* d'en haut.

Autrefois, il existait une espèce de voix d'homme excessivement perçante et élevée qu'on nommait *haute-contre*, et qui se rencontrait surtout dans les cathédrales. Paris, dit-on, en possède encore une ou deux. On l'écrivait à la clé de *do* 3e ligne ; elle descendait peu ; mais, en revanche, elle atteignait facilement le *re*, souvent même le *fa* aigu : c'était la voix des *castrats*, qui correspondait au *contr'alte* des femmes.

2e *Ténor* qui descend au *do*, monte au *fa dièse*, au *sol*, en passant.

Baryton, qui va du *si bémol* grave (clé de *fa* 4e ligne, autrefois 3e ligne), au *fa naturel* d'en haut.

Basse, qui descend au *sol* grave (clé de *fa*, 4e ligne) et monte au *mi bémol*, par extraordinaire au *fa* naturel.

Basse-contre, genre de voix très commun autrefois dans les vieilles basiliques ; elle se perd depuis que tous les chanteurs veulent atteindre au fameux *do* de poitrine qui, par parenthèse, n'a jamais existé ; c'est du moins ce que prétendent les médecins les plus habiles.

La basse-contre descendait jusqu'au contre-*re*, et ne montait guère qu'au *si bémol*, au *do* tout au plus.

On peut donc réduire à quatre les différentes espèces de voix d'homme.

— Maintenant dites-nous ce qu'on entend par : *registre vocal*.

— Figurez-vous *la voix* divisée en deux ou trois casiers ; supposez que le premier contienne quatre sons, le second huit et le troisième cinq : chaque casier représentera ce qu'on appelle *un registre*, par imitation des jeux de l'orgue, ainsi nommés en Italie.

— Très bien : complétez l'explication.

— De même que chaque jeu possède une nature de son différente, un timbre particulier, de même aussi chaque registre vocal offre des qualités sonores bien distinctes. Ainsi, dans la voix de femme, les sons graves, qui viennent de la poitrine, ne ressemblent point à ceux du *médium*, qui se forment vers la partie supérieure du larynx, pas plus que les sons de tête (autrefois appelés *fausset*), qui se tirent des *sinus frontaux*, n'ont de rapport avec ces derniers. Les sopranes possèdent donc trois registres. Les ténors n'en ont que deux, celui de poitrine et celui de tête : le premier s'étend ordinairement du *re* d'en bas au *sol* d'en haut, et le second du *la* suivant au *do*, parfois même au *re* double-octave. Les basses ne possèdent qu'un seul registre, celui de poitrine, qui va du *fa* grave au *fa* double-octave, dans sa plus grande étendue. Ceci, toutefois, demande des réserves, car il y a des exceptions nombreuses, surtout en faveur des barytons qui jouissent un peu des avantages du ténor.

On dit que Lablache, dans le *Barbier de Séville*, fait entendre des notes de tête superbes.

— Vous rappelez-vous ce que c'est que le rhythme ?

— Oh ! oui ; c'est la *retraite* que le tambour bat, tous les soirs, aux Tuileries, pour annoncer à nos *bonnes* qu'il est temps de s'aller coucher ; c'est la *bourrée* que les petits Auvergnats dansent, dans notre cour, pour avoir un morceau de pain ; c'est le pas cadencé du cheval de Baucher ou de Franconi ; les évolutions militaires du Champ-de-Mars, etc.

— Qu'est-ce que la mesure ?

— C'est le moyen de diviser un morceau de musique en durées égales.

— A quoi servent toutes ces barres qui traversent verticalement la portée ?

— A séparer les mesures les unes des autres et à les enfermer dans des casiers : ce sont des espèces de cloisons, de petits murs mitoyens.

— Et les doubles barres ?

— Elles se placent à la fin de l'exorde, du premier, du second, du troisième point, et surtout après la péroraison du discours musical : ce sont des sortes d'étapes où l'on pourrait s'arrêter, au besoin, non pour prendre des vivres, mais bien un instant de repos.

— Combien y a-t-il d'espèces de mesures ?

— Trois : les mesures simples, les composées et les dérivées.

— Ont-elles quelques rapports ensemble ?

— Oui : les premières engendrent toutes les autres.

— Qu'est-ce qu'*un temps*?

— C'est une partie de la mesure, soit la moitié, soit le tiers, soit le quart.

— Qu'est ce que battre la mesure ?

— C'est en marquer la division exacte par un mouvement de la main ou du pied.

— Comment appelle-t-on le degré de lenteur ou de vitesse qu'on donne à la mesure ?

— Mouvement.

— Peut-on beaucoup varier le mouvement ?

— Oui : depuis la plus grande lenteur jusqu'à la plus grande vitesse.

— Où donc les indique-t-on, ces variétés de mouvement ?

— En tête du morceau.

— Et comment ?

— Par des mots italiens.

— C'est peu national. Il est vrai qu'il y aurait ingratitude à rejeter les termes de cette langue si musicale ; car, de tout temps, les écoles d'Italie furent nos modèles. Leurs professeurs émérites implantèrent en France le véritable goût du chant, et, pendant de longues années, y régnèrent sans partage. Aujourd'hui même nos chanteurs vont se former au delà des Alpes, et Paris possède toujours des représentans illustres de ces écoles autrefois si célèbres. MM. Bordogni et Banderalli sont à l'école italienne ce que Mme Damoreau et M. Ponchard sont à l'école française.

— Dites-nous, si vous le savez, le moyen de reproduire mathématiquement le mouvement indiqué par l'auteur en tête du morceau.

— Maelzel est l'inventeur d'une espèce de pendule qui, par la lenteur ou la vitesse de ses oscillations, marque les temps de la mesure.

— Comment nommez-vous cette machine ?

— *Métronome* ou *métromètre*.

— D'où viennent ces deux noms ?

— Du grec : le premier, de μέτρον, mesure, et de νόμος, chanson, air, chant ; le second, de μετρομέτρον, mesure ou règle de la mesure.

— Très bien. Si vous désiriez avoir une description parfaitement exacte et détaillée de cette machine, vous n'auriez qu'à lire l'article *Métronome*, dans le Dictionnaire de musique du docteur *Lichtenthal*, tome II, page 57... N'est-il pas possible d'indiquer l'expression d'une pièce de musique, tout aussi bien que son mouvement ?

— Les mots : *forte, piano, crescendo, decrescendo, con anima, con gusto, con grazia, calendo, caldamente*, etc., remplissent parfaitement ce but ?

— Qu'entend-on par *nuance* ?

— En peinture, la nuance est produite par le mélange, l'assortiment des couleurs ; en musique, c'est la même chose, figurativement. Une toute petite différence dans l'exécution de deux sons, une accentuation particulière sur telle partie de la phrase, sur tel mot, telle syllabe, produisent le coloris musical.

— Quel rapport y a-t-il entre la nuance et l'accent ?

— On peut les regarder comme deux parens très proches qui se sont unis pour donner naissance à l'expression.

— Y a-t-il plusieurs sortes d'accens ?

— Il y en a deux : 1° l'accent *grammatical*, qui n'est autre chose que l'action d'appuyer plus sur les temps forts que sur les faibles, de marquer davantage tel endroit d'une période, au point de vue du rhythme ; 2° l'accent *oratoire*, qui consiste dans l'art de donner une inflexion de voix différente sur tel mot, telle syllabe ; de trouver l'expression vraie, la couleur, le *ton* poétique qui conviennent au morceau ; de ménager des demi-teintes, d'ombrer pour faire ressortir davantage la lumière.

— Qu'est-ce qu'une note d'agrément ?

— C'est une petite figure qui vit aux dépens des grosses notes et leur prête, en retour, un certain ornement.

— Qu'est-ce qu'un *trille?*

— C'est un battement alternatif et précipité entre deux notes qui se touchent.

— Qu'est-ce qu'un *point d'orgue?*

— C'est un point, surmonté d'un demi-cercle, qui se place sur les notes et sur les silences, pour indiquer qu'on peut s'y arrêter à volonté.

— Qu'est-ce qu'une *syncope?*

— C'est la prolongation sur un temps fort d'un son commencé sur un temps faible.

— Qu'est-ce qu'un temps fort ?

— C'est celui qui peut être frappé et sur lequel on appuie plus.

— Qu'est-ce qu'un temps faible ?

— Celui qui ne peut être frappé et sur lequel on appuie moins.

— Qu'est-ce qui produit une marche à contre-temps ?

— C'est, par exemple, une succession de syncopes formées avec des noires entre des croches ou des croches entre des doubles.

— Quelle différence y a-t-il entre une syncope régulière et une syncope brisée ?

— La première se compose de deux notes d'égale valeur, ou d'une seule note qui se divise en deux parties égales, tandis que la seconde est toujours produite par deux notes d'inégale valeur.

— Parfaitement, parfaitement. Votre mémoire est fidèle; vous n'avez rien oublié de ce qui a fait le sujet de nos entretiens précédens; apportez la même attention dans ceux qui vont suivre et vous serez initiés à tous les secrets de la théorie musicale....

« — Dis donc, chère maman, s'écrie l'une de nos jolies petites » voyageuses, à l'œil vif et malin, sais-tu que ce monsieur à la » grande barbe paraît bien content de nous? Moi, je ne suis pas » aussi contente de lui. Comment? il nous fait faire une étape » plus longue que les autres, sans nous raconter la moindre his- » toire! Oh! c'est bien vilain! Je lui en veux beaucoup.

» — Tu as tort, mon enfant; la rancune est un poison qui » corrompt le cœur, et puis, vois-tu, si tu réfléchissais un ins- » tant, ta petite colère serait bientôt passée.

» M. Martin d'Angers a voulu, dans une seule séance, vous » faire repasser, à toutes, ce qu'il vous avait enseigné dans les

» précédentes : remerciez-le donc de n'avoir pas retardé plus
» long-temps notre voyage. La glane est abondante ; nous pos-
» sédons de nouvelles richesses; qu'avons-nous à désirer ? Des
» anecdotes?... Patience, patience : la route est encore longue et
» le sac n'est pas vide !....

» Mais, avant de nous remettre en marche, il convient de
» prendre un peu de repos : je m'aperçois, Adeline, que tes yeux
» commencent à se fermer.

» — Parce qu'on ne m'a pas raconté d'histoire.... »

DIXIÈME ENTRETIEN.

« Malheureux ! qu'as-tu fait ? Ta petite troupe s'apprête à
» passer à l'ennemi. Vite une ruse de guerre ! Coûte que coûte,
» il faut la rallier.

» Quand un enfant pleure, on le calme avec des bonbons ;
» toi, chef pacifique, apaise les révoltés avec des histoires, et
» n'oublie jamais qu'une promesse faite est une chose sacrée ! »

Comment reculer devant de pareils argumens ? Allons ! fouillons dans le sac à la malice ! Voici ce qui en sort : *Histoire de deux fauvettes.*

C'était dans le parc de Versailles, par une de ces riantes journées où tout semble retrouver la vie et le bonheur ; où la nature, après une époque de deuil, revêt son costume de fête, toujours plus frais et plus nouveau.

> Les ruisseaux murmuraient,
> Les oiseaux gazouillaient,
> Les bergères chantaient,
> Les échos répondaient,
> Les chèvres bondissaient
> Et les agneaux bêlaient, etc.

Pardon, aimables lectrices, je copiais une idylle de madame Deshoulières, ou plutôt je me croyais dans cette nature toute musquée, toute coquette, *inventée* par madame de Pompadour et peinte par Boucher.

Toujours est-il que j'étais au comble du bonheur, moi, promeneur solitaire, qui aime assez à m'entretenir avec moi-même dans les sinuosités des allées mystérieuses.

Mon esprit fantasque s'occupait d'ajouter un chapitre aux *Mille et une nuits*, quand, tout-à-coup, son attention est attirée vers un bosquet voisin. Je m'avance à pas de loup et me poste derrière un massif pour entendre à mon aise une jolie fauvette qui s'en donnait à cœur joie. *Tous les chantres ailés*, comme dirait M. de Châteaubriand, avaient cessé leurs concerts et prêtaient une oreille attentive aux ravissantes fioritures de leur reine inspirée. Je faisais de même. La virtuose jetait au vent les broderies les plus délicates, les perles les plus brillantes, et les trésors de son larynx ne s'épuisaient pas. Elle était fière de se trouver là sans rivale, de n'avoir pas à lutter contre le divin rossignol. Hélas! la gloire est comme le bouquet d'un feu d'artifice ; elle brille d'un vif éclat et s'éteint presqu'aussitôt ! Notre fauvette était à l'apogée de son triomphe quand j'entends, assez près de moi, un tout petit bruit dans le feuillage, puis quelques pas légers de personnes qui s'approchent avec précaution ; je me retourne et j'aperçois une jeune femme charmante qui sortait silencieusement d'un taillis, accompagnée d'une petite société de choix que j'avais l'honneur de connaître. Nous échangeons un salut amical et chacun pose son doigt sur sa bouche.

Les membres du jury (car c'était un assaut vocal qui allait se livrer) une fois assez près du lieu du combat, s'effacèrent le mieux possible afin de ne pas effaroucher notre virtuose ailée. Soudain, le pauvre oiseau se voit assailli par une nuée de roulades, de trilles, de fusées chromatiques et de points d'orgue de toute sorte. Il se rengorge, élève son diapason, fait des efforts inouïs pour écraser cette rivale inattendue.

Des deux côtés l'ardeur s'allume comme un incendie. La concurrence engendre des prodiges. Il me semble voir encore, au Théâtre-Italien, en présence de quelques auditeurs privilégiés, la célèbre Malibran luttant de génie, d'agilité, d'audace avec le roi des violons, l'immortel Paganini. L'affaire devient sérieuse ; c'est un duel à mort. Pendant long-temps la fortune est incertaine. La reine des bosquets défend sa couronne avec acharnement ; elle a des élans sublimes. Mais son redoutable adversaire a mis en réserve ses grandes batteries qu'il lance au moment du danger. L'instant suprême approche. La pauvre fauvette rassemble ce qui lui reste de forces, mais c'est pour faire entendre le chant du cygne. Cette frêle existence s'épuise ; sa voix faiblit et s'éteint ; la crainte d'une défaite peut seule la soutenir encore.

Enfin, le son lui échappe tout-à-fait; elle succombe à une fièvre d'orgueil et tombe morte à mes pieds....

Ainsi finit la grenouille qui voulait se faire grosse comme un bœuf.

Notre gracieuse cantatrice, aussi folâtre que belle, s'était beaucoup amusée de cette lutte vraiment singulière; mais quand elle vit la fin tragique de sa rivale, elle ne put s'empêcher de verser quelques larmes de regret sur la défunte. Toute la société fit *chorus*. Quand ce nuage de tristesse fut dissipé, nous nous réunîmes pour aller visiter les galeries du château de Versailles.

— « Le nom du vainqueur, le nom du vainqueur, s'écrient » toutes à la fois mes petites voyageuses ! »

— Comment, vous ne l'avez pas deviné? C'est la fauvette des salons, la providence des concerts, la ravissante madame Sabatier!... Mais revenons à nos moutons.

En entrant dans la route, nous avons vu les altérations de valeur ou durée des notes; étudions aujourd'hui les altérations des sons eux-mêmes, c'est à dire de leur intonation.

— Comment s'obtient ce résultat?

— Par l'emploi des dièses ou bémols.

— Qu'est-ce qu'un dièse?

— C'est un signe représenté par deux doubles-barres croisées ♯.

— D'où vient le mot *dièse*?

— Du substantif grec δίεσις; de δίειμι, je traverse, comme l'indique l'excellent dictionnaire étymologique de M. Marcella.

— Dites-nous à quoi sert ce signe.

— A hausser le son d'une note naturelle de cinq *comma*, soit cinq neuvièmes de ton.

— Il n'y a donc plus que quatre *comma* de la note diésée à la note naturelle qui la suit immédiatement?

— Sans doute.

— Pourquoi donc, dans notre première jeunesse, nous enseignait-on que : de *fa* dièse à *sol*, par exemple, il y avait un *demiton majeur* (de *major*, plus grand), et que de *fa* naturel ou inaltéré à *fa* dièse, il n'y avait qu'*un demi-ton mineur* (de *minor*, plus petit)?

— Parce que vos professeurs étaient des ignorans. En effet, quand la voix est montée de *fa* naturel à *fa* dièse, où demande-t-elle à s'aller reposer? — Sur *sol*. — Pourquoi le *fa* ♯ appelle-t-il le *sol*? — Parce qu'il en est plus près que du *fa* naturel. — Si donc la division du ton, opérée par le dièse, pouvait s'exprimer logiquement par le mot *demi-ton*, il faudrait retourner la médaille et dire : de *fa* naturel à *fa* ♯, il y a un demi-ton majeur, et de *fa* ♯ à *sol* un demi-ton mineur.

Mais une *demie* doit contenir la moitié d'un tout et se trouver parfaitement égale à l'autre moitié de ce tout. Or ce n'est pas ce qui arrive ici : d'où nous concluons que le mot *demi-ton*, dans le sens où on l'applique, est une expression fausse qu'il convient de rayer du vocabulaire musical.

— Très bien. Mais comment faut-il dire ?

— Il faut parler par *comma*; c'est le seul moyen d'arriver à une division mathématique.

— N'existe-t-il pas, dans la musique des Grecs, un terme technique qui exprime assez bien ce que les théoriciens modernes appellent *un demi-ton majeur ou la plus grande moitié d'un ton* ?

— Oui : c'est le mot *apotome* (d'ἀποτομή, retranchement), qui peut être l'équivalent de cinq *comma*.

— Par quel autre terme remplacerez-vous ce qu'on nomme aujourd'hui, dans les écoles, *un demi-ton mineur* ?

— Par le mot *limma* qui représente quatre *comma* seulement.

Dans la mélopée des Grecs, un *limma* serait, par exemple, l'intervalle de *mi* à *fa* ou de *si* à *do*.

Donc, si l'on veut, l'espace compris entre *do* naturel et *do* ♯, formera une *apotome* et celui de *do* ♯ à *re* un *limma*.

Par conséquent chaque ton entier renferme une *apotome* et un *limma*.

D'après J.-J. Rousseau, l'*apotome* est ce qui reste d'un *ton majeur* (majeur est charmant !) après qu'on en a retranché un *limma*. Ceci prouve la justesse de notre raisonnement. En effet, qui de neuf ôte quatre reste cinq ; si donc le *limma* représente quatre *comma*, soit quatre neuvièmes de ton, l'*apotome* doit équivaloir à cinq *comma* nécessairement.

— Bravo ! nous n'avons besoin de rien de plus pour notre théorie d'application.

D'après les acceptions si diverses données par les anciens aux deux termes que vous venez d'employer, peut-être qu'aux yeux d'un linguiste et d'un physicien cette division du ton ne reposera pas sur un calcul sévère ; toutefois nous croyons que, pour la pratique, c'est couper court à la difficulté, c'est porter la lumière dans les ténèbres.

D'ailleurs, vous avez suivi l'opinion de Philolaüs et de tous les pythagoriciens.

Continuons :

Qu'est-ce qu'un bémol?

— C'est un signe représenté par un b et qui abaisse le son de la note naturelle d'une *apotome* ou de cinq *comma*.

— Écoutez ce que dit Jean-Jacques à ce sujet, dans son Dictionnaire de musique :

« Guy d'Arezzo ayant autrefois donné des noms à six des no-
» tes de l'octave, desquelles il fit son célèbre Hexacorde, laissa la
» septième sans autre nom que celui de la lettre B, qui lui est
» propre, comme le C au *do*, le D au *re*, etc. Or, ce B se chan-
» tait de deux manières ; savoir, à un ton au dessus du *la*, selon
» l'ordre naturel de la gamme, ou seulement à un demi-ton du
» même *la*, lorsqu'on voulait conjoindre les tétracordes ; car il
» n'était pas encore question de nos modes ou tons modernes.
» Dans le premier cas, le *si* sonnant assez durement à cause des
» trois tons consécutifs, on jugea qu'il faisait à l'oreille un effet
» semblable à celui que les corps anguleux et durs font à la
» main : c'est pourquoi on l'appela B *dur* ou B *quarre*, en ita-
» lien B *quadro*. Dans le second cas, au contraire, on trouva que
» le *si* était extrêmement doux ; c'est pourquoi on l'appela B
» *mol* ; par la même analogie on aurait pu l'appeler aussi B
» *rond*, et, en effet, les Italiens le nomment quelquefois B
» *tondo*. »

Il y a dans cette citation deux mots dont nous vous devons l'étymologie : *Hexacorde* qui vient d'ἑξ, six, et de χορδή, corde (six cordes vocales ou six sons) ; puis *tétracorde* qui tire son nom de τέσσαρα, quatre, et de χορδή, corde. Du *do* d'en bas au *fa*, voilà le premier tétracorde de notre gamme moderne ; du *sol* au *do* d'en haut, voilà le second.

A votre tour. Expliquez-nous les différentes manières dont on emploie les dièses et les bémols.

— Ils se placent soit à la clé, soit dans le courant du morceau; dans le premier cas ils sont fixes ou constitutifs, dans le second ils ne sont qu'accidentels.

— Développez cette réponse.

— Les dièses ou bémols fixes ont la propriété d'altérer, pendant toute la durée du discours musical, l'intonation des notes dont ils occupent les lignes : d'où il résulte qu'ils servent à constituer toutes les gammes tirant leur origine de la gamme naturelle de *do* ; car cette dernière n'a besoin ni des uns ni des autres.

Les dièses ou bémols accidentels sont ceux qu'on rencontre par hasard, qui n'ont de valeur que dans la mesure où ils se

trouvent ; qui s'emploient par euphonie ou plus souvent encore
pour passer d'une gamme dans une autre ; ce qu'improprement
on appelle : *moduler*, comme nous le verrons plus tard.

— Dans quel ordre les dièses se placent-ils à la clé ?

— Dans l'ordre suivant :

Fa, do sol, re, la, mi, si.

Exemple :

— Et les bémols ?

— A l'inverse des dièses :

Si, mi, la, re, sol, do, fa.

Exemple :

Ainsi les dièses se groupent de quinte en quinte en montant
ou de quarte en quarte en descendant, et les bémols de quinte
en quinte en descendant ou de quarte en quarte en montant.

— Pourquoi donc ne pas faire suivre, aux uns, l'ordre naturel de la gamme ascendante et, aux autres, celui de la gamme
descendante ?

— Parce que l'enchaînement, la succession des gammes le
veulent autrement.

— Cela suffit. Nous reviendrons bientôt sur cette intéressante
question. Dites-nous ce que c'est qu'un bécarre.

— C'est un signe représenté par un b carré ♮, comme il a
été dit plus haut.

— A quoi sert-il ?

— A détruire l'effet du dièse ou du bémol, c'est à dire à remettre la note dans son état naturel.

— Peut-on le placer à côté d'une note inaltérée ?

— Non ; ce serait un emplâtre sur une jambe de bois. On
n'a pas besoin de rendre naturel ce qui l'est d'avance ; or, le
bécarre n'a que cette propriété.

— Dans quel ordre les bécarres se placent-ils à la clé ?

— Dans l'ordre des dièses ou des bémols qu'ils remplacent.
Ils leur disent très poliment : « Otez-vous de là que nous nous y
» mettions. »

— Qu'est-ce qu'un double-dièse ?

— C'est un signe représenté de cette manière ✕ qui sert à
hausser encore de cinq *comma* une note déjà diésée.

— Mais il serait bien plus simple, au lieu de diéser doublement une même note, de s'adresser à la note naturelle qui suit. *Fa* double-dièse, par exemple, n'offre-t-il pas le même son que *sol* naturel ?

— Sur le piano, oui; mais avec la voix ou tout autre instrument, non.

— Quelle différence y a-t-il donc

— Un neuvième de ton. De *fa* naturel à *fa* dièse il y a cinq *comma*; de *fa* ♯ simple à *fa* double-dièse encore cinq *comma*; total dix : tandis que de *fa* naturel à *sol* il ne s'en trouve que neuf, comme nous le savons déjà. Ce *fa* double-dièse est donc plus haut que le *sol* naturel.

— Les doubles-dièses se placent-ils à la clé ?

— Non, jamais.

— Pourquoi cela ?

— Parce que déjà le nombre des dièses simples est égal à celui des notes de la gamme-modèle, et qu'une fois toutes ces notes altérées par eux on retombe, pour ainsi dire, dans la gamme naturelle. Ainsi *do* ♯ majeur, qui doit exiger sept dièses à la clé, produit à l'oreille l'effet de *do* majeur naturel, seulement dans un diapason un peu plus élevé.

— Quand se sert-on donc des doubles-dièses ?

— Toutes les fois qu'on veut produire la septième sensible accidentelle d'une gamme mineure qui présente déjà beaucoup de dièses à la clé.

— Donnez un exemple.

— *Sol* dièse mineur a pour septième sensible *fa* double-dièse qui, comme nous ne l'ignorons pas, est plus rapproché du *sol* dièse que le *sol* naturel, et toute *sensible* doit être à la distance de quatre *comma* seulement de la tonique-octave. D'ailleurs on ne pourrait pas dire : *sol, la, si, do, re, mi, sol, sol*; il faut bien un *fa*.

Voilà donc la nécessité des doubles-dièses établie par des faits.

— Qu'est-ce qu'un double-bémol ?

— C'est un signe représenté par un double b ♭♭ et qui sert à abaisser encore de cinq *comma* le son d'une note déjà bémolisée. Comme le double-dièse, il n'est qu'accidentel ; on l'emploie surtout par euphonie ou dans les passages enharmoniques.

— Se sert-on de doubles-bécarres ?

— Non, par une raison toute simple ; c'est qu'on ne passe jamais subitement d'une note doublement diésée ou doublement bémolisée à la note naturelle et *vice versâ*.

D'abord on revient au dièse ou au bémol simple ; puis, plus tard, si la modulation l'exige, on se repose sur la note inaltérée.

Mais, l'usage contraire existât-il, que le bécarre simple remplirait parfaitement le but puisque son office est de remettre la note dans son état primitif.

Quand on veut retrancher le double-dièse, on met à sa place les deux signes réunis du dièse simple et du bécarre ; s'il s'agit du bouble-bémol, on lui substitue le bémol simple et le bécarre accouplés.

— Très bien... C'est assez de chemin pour aujourd'hui. Songeons qu'il nous reste encore plusieurs étapes à parcourir, et que dans une longue route le repos est nécessaire.

Merci, chères enfans, de m'être restées fidèles : j'avais commis une grande faute ; vous me l'avez pardonnée. Soyez sûres qu'à l'avenir je ne vous ferai plus de chagrin du tout, du tout. Tenez, avant de m'endormir, je vais faire ample provision d'historiettes pour vous en servir à souhait pendant le reste du voyage.

Bonne nuit ! ne faites pas de mauvais rêves.

ONZIÈME ENTRETIEN.

Sommaire : Des diverses acceptions du mot *ton*. — Tonalité moderne.
— Notes tonales. — Notes modales. — Gamme-modèle des tons
majeurs. — Gamme-modèle des tons mineurs. Construction logique
de cette dernière. Ton principal et ton relatif.

Il y a quelques jours, une jeune dame , accompagnée de ses
deux petites demoiselles et d'une institutrice , se présente chez
moi et me dit :

« Monsieur, je suis députée vers vous par toutes les mères de
» famille qui suivent avec intérêt vos entretiens familiers. Puis-
» que vous cherchez à simplifier les choses , à les rendre popu-
» laires , trouvez donc un moyen de nous débarrasser des dièses
» et des bémols , la pierre d'achoppement des demi-musiciens ,
» la bête noire de nos petites élèves. »

— « C'est bien vrai, Monsieur, s'écrient à la fois les charmantes
» filles de ma noble visiteuse : nous les avons en horreur, ces
» vilains accidens ! » — « Mesdemoiselles, je serais trop heureux,
» mille fois, de me rendre à vos désirs, à ceux de Madame votre
» mère et de toutes mes jolies compagnes de voyage, mais je ne
» le puis en aucune manière ; l'insensé qui voudrait tenter cette
» singulière réforme serait regardé comme un vandale, un des-
» tructeur du beau. » — « Mais, Monsieur, continue le chef de
» la députation , vous nous avez bien appris à nous passer de
» certaines mesures , consacrées par l'usage. » — « C'est vrai,
» Madame ; ceci ne touchait en rien à l'art en lui-même, ne lui
» enlevait aucun prestige ; mais priver la musique moderne des
» dièses et des bémols, c'est ôter à la peinture la nuance et le
» coloris. En effet, qui donc sert à nuancer la gamme chroma-
» tique, la plus expressive de toutes ? Qui donc vient en aide à
» l'expression , à l'euphonie , même dans la gamme naturelle ,
» sinon les dièses et les bémols, qu'on pourrait comparer à une

» espèce de ciment très délicat, liant entre eux les matériaux
» d'une belle mélodie? »—« Pourtant, on dit que, dans le chant
» ecclésiastique, ils ne sont employés que très rarement. » —
« Aussi le chant grégorien, si plein de grandeur et de majesté,
» paraît-il assez souvent rude et monotone. D'ailleurs, il n'est
» point régi par les mêmes lois que la musique moderne ; il n'a
» point à traduire, à peindre toutes les joies ou toutes les tris-
» tesses du monde ; il se contente d'adorer et de prier. Voyez,
» la musique sacrée, qui tient le milieu entre le plain-chant et
» la musique profane, n'a-t-elle pas recours à ces signes d'alté-
» ration ? Sans doute elle ne doit pas en abuser, mais ils lui sont
» nécessaires. » — « Eh bien ! qu'on emploie les dièses et les
» bémols dans la gamme chromatique, qui ne peut se produire
» sans leur concours ;

Exemple :

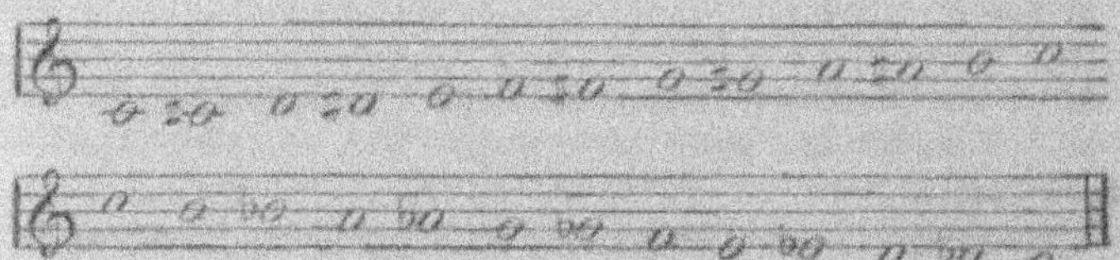

» qu'ils soient accidentellement au service de l'expression, des
» nuances euphoniques ; mais, comme me le disait, dernière-
» ment, un amateur assez instruit, qu'au lieu de mettre en usage
» trente gammes diatoniques, on ne se serve que de celles de *do*
» majeur et de *la* mineur ; toutes les autres étant la reproduc-
» tion exacte de ces deux échelles-modèles. De cette sorte on
» n'aura plus besoin de dièses ou de bémols constitutifs, et les
» plus grandes difficultés de lecture seront aplanies. »

— « Ce raisonnement est spécieux, toutefois son échafau-
» dage croule devant la pratique. Je sais bien qu'en déchiffrant
» une romance, écrite dans un ton quelconque, on peut la sup-
» poser en *do* majeur ou en *la* mineur (plusieurs de mes
» amis, assez peu musiciens, ont recours, avec succès, à cette
» métamorphose) ; mais si la mélodie voyage dans différentes
» gammes et présente des intonations difficiles, le chanteur reste
» court et ne peut plus retrouver son chemin. Cette expérience,
» répétée cent fois en ma présence, m'a toujours beaucoup
» amusé : le virtuose ne manquait jamais de s'embourber. »

— « Monsieur, vous déplacez la question. Je crois vous avoir
» dit que, si les compositeurs ne se servaient que des gammes
» de *do* majeur et de *la* mineur, on ne verrait plus à la clé cette

» armée de dièses et de bémols qui effrayent les plus habiles, et
» sont inabordables pour les ignorans. »

— « Je vous comprends, Madame ; mais, ici comme ailleurs,
» la pratique va me donner raison. J'ai déjà dit quelque part,
» qu'il y avait beaucoup d'idéal dans la musique ; qu'il fallait
» laisser le champ libre aux hommes de génie ; que vouloir les
» enserrer dans un étroit espace, c'était leur couper les ailes,
» les empêcher de planer. Donc, si vous ne mettez à leur dispo-
» sition qu'une seule gamme majeure ou mineure, vous les for-
» cerez d'être monotones, vous éteindrez leur verve, leur ima-
» gination ; ils se blaseront sur cette gamme unique, sans cesse
» exploitée, comme on se lasse du meilleur fruit, quand on en
» mange tous les jours. Puis croyez-vous, Madame, que les tons
» de *do* majeur ou de *la* mineur conviennent à toutes les voix
» ou à tous les instrumens ? Ce serait une grave erreur. Telle
» gamme est mieux dans les cordes du soprane, telle autre dans
» celles du ténor, telle autre dans celles de la basse. Un instru-
» ment jouera plus facilement avec des dièses, un autre avec
» des bémols, un autre au naturel. Puis encore, que ce
» soit idéal ou non, tel genre d'expression semble inhérent à
» cette gamme, tel mouvement, tel rhythme s'identifie mer-
» veilleusement avec cette autre. La variété constitue la richesse
» musicale. Une dernière considération qui a plus de poids que
» les précédentes : écrivez, si vous le voulez, toute la
» musique dans les deux tons modèles, je vous fais cette large
» concession ; mais chacun de ces tons, comme nous le verrons
» bientôt, a des parens, des voisins, qu'il sera, sans cesse, tenté
» d'aller visiter. C'est si ennuyeux de suivre éternellement la
» même route ! Considérez ce voyageur, apercevant au sommet
» d'une côte, un cordon qui se déroule devant lui à perte de vue ;
» les jambes lui manquent, il est prêt de rebrousser chemin ;
» mais il se dit aussitôt : « Je vais prendre de petits sen-
» tiers détournés qui, s'ils allongent ma course, en re-
» vanche, me récréeront davantage. Il sera toujours temps de
» revenir dans la grand'route quand ma carte m'en indiquera la
» nécessité. » Il en est de même des gammes : On ne peut
» rester long-temps dans la même sans endormir les auditeurs
» et s'endormir soi-même. »

— « Allons ! je suis obligée de me rendre. Je vois que ma
» mission ne peut avoir de succès. Votre logique est acca-
» blante..... Partons, mes filles, ces dames attendent l'issue de
» notre négociation. »

— « Je pense, Madame, que vous aurez peu de chemin à

» faire. J'entends causer dans l'anti-chambre ; il est trois heures
» et demi : bien certainement c'est mon aimable auditoire qui
» vient assister à la onzième séance. J'espère que vous voudrez
» bien rester avec nous. Tenez, voici qu'on entre. »

— Bonjour, ma chère Maria.

— Bonjour, Lucie.

— Et ta bonne maman, comment va-t-elle ? — Assez bien,
je te remercie.

— Comme nous sommes nombreuses !

— Ma foi ! notre petite troupe est devenue une armée.

— Dis-moi donc, les dièses et les bémols sont-ils en déconfiture ?

— Pas le moins du monde : il n'y a rien à gagner avec notre
professeur. Tu vas voir qu'il va nous prouver, tout à-l'heure, que
c'est la plus belle chose du monde.

— Je garantis bien que non. Encore ce matin, je n'ai pu faire
ce maudit passage chromatique que tu connais : j'étais d'une humeur massacrante.

— Oh ! alors, tu n'es pas au bout de tes peines. Ecoute : voilà
la leçon qui commence...

— Que veut dire le mot *ton*? A-t-il des acceptions diverses ?

— Le mot *ton* signifie d'abord (nous le savons déjà), l'intervalle compris entre deux notes conjointes, comme *do-re*, *fa-sol*,
etc. On entend aussi par ton, le lieu, la place du son. Ainsi l'on
dit des instrumens qui s'accordent, qu'ils prennent le ton,
c'est à dire le *la*, note centrale, point de départ. (Nous n'ignorons pas qu'en Italie c'est le *do* qui sert de point central.) Le
mot *ton* signifie aussi la gamme avec les élémens de laquelle un
morceau de musique est composé. Ainsi l'on dit : être dans le
ton de *do*, ou bien encore : être en *do* ; ce qui indique que le
discours musical a, pour tonique ou note principale, ou point
final, *do* ; de plus, qu'il est formé de la combinaison des notes
naturelles de cette gamme.

— Qu'entend-on par *tonalité* ?

— On entend la *constitution*, la *construction* même de la
gamme primitive ou gamme-modèle, et de toutes les autres qui
en dérivent nécessairement.

— Qu'est-ce qui constitue la tonalité moderne?

— C'est l'affinité, le rapprochement naturel qui existe entre
la troisième et la quatrième, de même qu'entre la septième et la
huitième note d'une gamme quelconque. Dans celle de *do*, par
exemple, *fa* appelle *mi* comme *si* appelle *do*.

— Qu'entend-on par notes tonales?

— On entend des notes principales qui constituent le ton dans lequel on est ; ce sont la tonique ou première note de la gamme, la quarte et la quinte.

— Pourquoi ces notes s'appellent-elles tonales plutôt que les autres ?

— Parce qu'elles sont les toniques de trois accords parfaits majeurs renfermant la gamme dont ces notes font partie. Ainsi, dans l'échelle-modèle, *do*, *fa*, *sol*, comme nous l'avons déjà dit, sont les toniques de : *do-mi-sol* ; *fa-la-do* ; *sol-si-re*. Dans ces trois accords parfaits se trouve la gamme de *do* tout entière.

— Vous vous rappelez sans doute que ces tonales sont aussi le nom des trois clés ?

— Oui.

— Ces notes fondamentales sont-elles invariables ?

— Oui.

— Pourquoi ?

— Parce qu'en les altérant on changerait le ton qu'elles servent à constituer. Quand vous êtes en *do*, par exemple, si vous diésez la tonique, vous passez accidentellement en *re* mineur ou majeur ; si vous diésez le *fa*, vous passez en *sol* majeur ; si vous diésez le *sol*, vous passez en *la* majeur ou mineur.

— Très bien. Nous verrons tout à l'heure la série des tons majeurs et mineurs avec dièses ou bémols. Qu'entend-on par *mode* ?

— On entend, par *mode*, la manière d'être du ton ; en effet, c'est le mode qui donne à la gamme le caractère majeur ou mineur. On dit : être en *do*, mode majeur ; être en *la*, mode mineur.

— Qu'est-ce qui distingue le majeur du mineur ?

— Ce sont la tierce et la sixte. Quand ces deux intervalles sont majeurs et que la septième sensible est fixe, on est forcément en majeur ; si, au contraire, ils sont mineurs et que la septième sensible soit accidentelle, on est forcément en mineur.

— Qu'entend-on par *notes modales* ?

— On entend celles qui servent à constituer le mode. Ce sont précisément les intervalles que nous venons de nommer : la tierce, la sixte et la septième.

— A quelle distance sont-elles des notes tonales ?

— A la distance d'une tierce.

— Sont-elles variables ?

— Oui.

— Pourquoi ?

— Parce qu'on peut les altérer sans que, pour cela, l'on

change de ton ; on change seulement de mode. Supposons que vous soyiez en *do* majeur ; que ferez-vous pour passer en *do* mineur ? vous abaisserez les trois modales, *mi*, *la*, *si*, qui sont, chacune, comme nous l'avons dit, à une tierce des notes tonales.

Exemple :

Pour repasser en majeur, vous remettrez les notes altérées dans leur état naturel.

Exemple :

— Montrez - nous cette transformation dans un ton diésé d'abord, puis dans un ton bémolisé ?

— Voici :

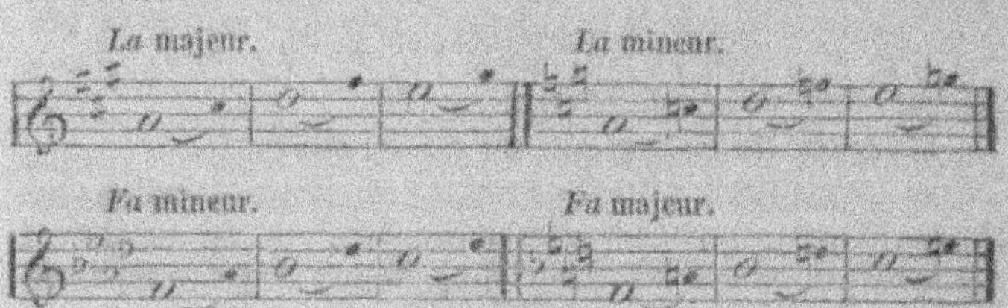

Nous avons pris des exemples au hasard. Cette opération s'applique indistinctement à tous les tons.

Ainsi donc, dans toute gamme majeure, les modales forment tierce majeure avec les tonales, tandis que, dans toute gamme mineure, elles ne forment qu'une tierce mineure avec ces mêmes tonales.

Ceci nous amène à conclure que, si l'on veut transformer en mineur un ton majeur qui présente cinq, six ou sept dièses à la clé, jamais on ne doit retrancher plus de trois dièses, puisqu'il y a seulement trois tierces à abaisser.

De même aussi, quand on transforme en majeur un ton mineur qui demande beaucoup de bémols à la clé, il ne faut pas en retrancher plus de trois, puisqu'il n'y a que trois tierces à hausser.

— Quel est le modèle des tons majeurs?

— C'est *do* ; nous le savions déjà.

— Pourquoi?

— Parce qu'il est le seul qui n'ait besoin ni de dièses ni de bémols, et qu'on nomme, à juste titre, *ton naturel*.

— Quel est le modèle des tons mineurs?

— C'est *la* mineur.

— Pourquoi?

— Parce qu'il est aussi le plus naturel parmi ses semblables. Comme *do* majeur, il n'a besoin ni de dièses, ni de bémols constitutifs.

— Mais peut-il se passer de dièses accidentels?

— Non.

— Pourquoi?

— Parce qu'il lui faut une septième sensible accidentelle pour aller se reposer sur la tonique-octave. Si le *sol* était naturel, il n'appellerait pas le *la*, mais bien plutôt le *fa* ; donc le *sol* dièse est nécessaire.

— Mais en montant la gamme de *la* mineur de cette manière :

$$la, si, do, re, mi, fa, sol \sharp, la,$$

quelque chose d'irrégulier frappe l'oreille.

— C'est vrai. Voilà pourquoi les théoriciens logiques, comme Choron et quelques autres, admettent la sixte majeure dans la gamme mineure ascendante. Ils ont trois fois raison ; en effet, si la gamme majeure ne renferme que deux tons plus petits que les autres, pourquoi n'en serait-il pas de même de la gamme mineure qui se forme de la première, absolument comme Eve fut formée d'une côte d'Adam? Pourquoi, par exemple, cette gamme, qui déjà semble moins naturelle que sa mère, donnerait-elle quatre *comma* seulement de la quinte à la sixte, puis *quatorze comma* de la sixte à la septième? Il est bien plus simple d'altérer accidentellement la sixte, en montant. Par ce moyen rationnel, on obtient un ton entier de la quinte à la sixte, comme de la sixte à la septième, qui se trouve être à un *limma* de l'octave : puis, en descendant l'échelle, on retranche les deux altérations, seulement nécessaires en gagnant l'octave supérieure, et l'on voit alors la relation parfaite de la gamme mineure avec la gamme majeure dont elle dérive.

Exemple :

Si, au contraire, on établit le ton relatif mineur de la manière suivante :

On commet d'abord un péché contre l'euphonie ; puis, en adoptant une septième sensible *fixe*, propriété exclusive du ton majeur, on détruit l'individualité du premier qui devient un ton mixte, moitié majeur, moitié mineur. Nous traitons ici la question au point de vue classique ; mais nous sommes loin de prétendre qu'il faille rejeter ce ton mixte dont l'expression est parfois indicible.

— Vous avez parlé de ton relatif ; expliquez-nous ce que c'est.

— Un ton mineur est relatif d'un ton majeur (*et vice versâ*) quand il a autant de dièses ou de bémols que lui à la clé ; c'est alors un parent très proche.

— Eh bien ! si le ton majeur n'a ni dièses ni bémols constitutifs ?

— Il faut que le mineur relatif n'en ait pas non plus ; c'est ce qui arrive pour le ton de *la* mineur, relatif du ton de *do* majeur.

— A quelle distance le relatif doit-il être du ton principal ?

— A une tierce mineure en dessous.

— Qu'est-ce qu'une tierce mineure ?

— C'est un composé d'un ton et d'un *limma*, comme *la-do*, *re-fa*.

— Qu'est-ce qu'une tierce majeure ?

— C'est le produit de deux tons entiers : soit *do-mi*, *fa-la*.

— Très bien. Dans l'entretien suivant, nous étudierons l'ordre des gammes diésées et bémolisées, et nous ferons connaître les moyens de s'orienter à travers ce vaste labyrinthe.

— Qu'en dites-vous, mes jolies petites compagnes de voyage ? ces vilaines bêtes noires que vous aviez tant en horreur, commencent-elles à vous paraître moins affreuses ?

— Oh! oui, Monsieur, déjà nous les voyons avec d'autres yeux. Depuis que vous nous avez prouvé leur utilité incontestable, nous nous sentons disposées à leur faire bon accueil; d'ailleurs, avec la puissance dont elles disposent, il serait assez difficile de les mettre à la porte.

— Vous avez raison, et, quand bien même vous y réussiriez pour un instant, tous les vrais musiciens vous jetteraient la pierre, et vous feraient venir à résipiscence.

Allons, encore une étape, et votre conversion sera complète.

DOUZIÈME ENTRETIEN.

—

Aimables lectrices, c'est avec bonheur que je vous vois accourir en foule, non plus pour demander la suppression des dièses et des bémols, mais bien pour gagner une nouvelle étape en conversant sur leurs fonctions diverses.

Permettez-moi, Mesdames, de commencer par payer mes dettes. Je dois une histoire à mes petites amies, et j'ai de bonnes raisons pour ne pas me faire tirer l'oreille...

Il y a neuf ou dix ans, je donnais leçon au plus joli petit enfant qu'on puisse rencontrer. Alfred était son nom. Il avait six ans à peine, mais une intelligence précoce, trop précoce, hélas ! car l'esprit tua le corps ; deux ans plus tard, il succombait à une affection cérébrale !...

Il me semble le voir encore, avec sa belle chevelure blonde, toute bouclée, son œil pétillant, ses joues rosées, sa bouche mignonne. Toutes les fois que j'arrivais chez sa mère, il m'accueillait avec ce sourire enfantin qui doit ressembler à celui des anges. Il était aussi heureux de déchiffrer son solfége que les autres enfans, à son âge, de jouer aux billes ou au cerceau.

J'aimais beaucoup à le questionner, parce qu'il avait toujours des réparties charmantes, originales. Il s'était familiarisé bien vite avec la théorie musicale. L'à-propos de ses réponses me surprenait tellement, que je ne pouvais en croire ni mes yeux ni mes oreilles. Je me disais quelquefois, avec amertume :

« Jeune arbre, tu uses ta sève ; tu portes des fruits avant le » temps ! la vie t'abandonnera sans doute à cet âge aimable où

» elle entre, par tous les pores, dans les autres plantes! » Affreux souvenir! la mort me donna raison!... Mais ne nous arrêtons pas à ces tristes pensées. Considérons ce petit Alfred, plein de gentillesse et d'ardeur, aux prises avec les principes de la langue des sons.

Un jour je lui adressai des questions au hasard : voici les réponses qu'il fit à chacune d'elles : j'en fus si frappé, qu'elles se gravèrent dans ma mémoire en caractères ineffaçables. — « Qu'est-ce que des sons musicaux ? » — « C'est le chant du » merle que j'ai apprivoisé. » — «Qu'est-ce que des sons anti-» musicaux ? » — « Ce sont les cris de ma petite sœur. » — « Qu'est-ce que la gamme ? » — «C'est comme le juchoir de » mon perroquet ; on monte peu à peu par de petits barreaux, » puis on descend de même ; on dirait qu'il y a un escalier dans » la voix. » — « Qu'est-ce qu'une clé ? » — « C'est ce qui ouvre » le tiroir à la musique. Je voudrais bien savoir me servir de » cette clé-là comme de celle de ma chambre!» —«Mais il n'y a » pas qu'une seule clé ? » — « Non, malheureusement ; c'est » comme le trousseau de saint Pierre, ça n'en finit pas ; j'ai-» merais mieux un passe-partout. » — « De quoi se compose » l'alphabet musical ? » — « De figures de note ; je préférerais » des chiffres, moi qui les connaissais avant d'avoir cinq ans. » — « Mais que ferait-on donc de toute la musique des grands » maîtres qui ont eu l'audace d'écrire leurs chefs-d'œuvre avec » des figures de note ? » — «On la jeterait dans la rivière et » l'on prierait les inventeurs de la nouvelle notation d'en com-» poser d'autre. » — « C'est du moins une idée originale, à la-» quelle j'applaudirais de tout cœur, si l'on ne devait abandon-» ner aux flots que la mauvaise musique. Toute réflexion faite, » il vaut encore mieux laisser les choses comme elles sont : ce » serait changer son cheval borgne contre un aveugle. A quoi » servent les mesures? » — «C'est comme si vous me deman-» diez à quoi sert un mètre!»—«Mais encore! » — «Eh bien! » l'un s'emploie pour mesurer une pièce de drap, en long et » en large, et les autres pour mesurer une pièce de musique, » la diviser en durées égales. » — « Qu'est-ce qu'un dièse ? »—» « C'est la joie. » — « Qu'est-ce qu'un bémol?» — «C'est la » tristesse. » — « Qu'est-ce qu'un bécarre?» — « Ce n'est ni » l'une ni l'autre, ou plutôt c'est la destruction des deux. On » dit que rien ne peut pas faire quelque chose ; le bécarre » prouverait le contraire, car, ne possédant rien en propre, il » met tout sens dessus dessous et, souvent, est l'auteur de » jolies métamorphoses.... »

Voilà comme raisonnait cet enfant-prodige ; c'était un homme fait sous l'enveloppe d'un bambin...

Maintenant, reprenons le fil de notre discours. Nous en étions à coordonner les gammes avec dièses ou bémols.

— Dans quel ordre se suivent les tons majeurs diésés ?

— Ils se suivent de quinte en quinte en montant, ou de quarte en quarte en descendant.

— Vous rappelez-vous que les dièses procèdent de même ?

— Oui.

— Vous en saurez la raison tout à l'heure. Continuez.

— Ainsi donc, après le ton de *do*, viennent successivement les tons de *sol*, de *ré*, de *la*, de *mi*, de *si*, de *fa* dièse et de *do* dièse.

— Pourquoi cet ordre ?

— Parce que les gammes diésées s'altèrent de plus en plus, de quinte en quinte, en montant. En effet, la gamme de *sol*, qui se trouve à une quinte au dessus de *do*, demande un dièse à la clé ; celle de *ré*, qui est à une quinte au dessus de *sol*, en demande deux, etc.

— Maintenant, qui donc oblige le ton de *sol* à s'embarrasser d'un dièse ?

— Cette règle que vous nous avez enseignée : *toute gamme majeure devra se modeler sur celle de* do.

— Qu'est-ce que cela prouve ?

— Cela prouve que les *tons* plus ou moins grands qui composent la gamme de *do* doivent se retrouver, à la même place, dans celle de *sol*. Or, voici comme ils sont répartis dans l'échelle-modèle : un *ton* ou neuf *comma*, de la première à la seconde note ; *idem*, de la seconde à la troisième ; un *limma* ou quatre *comma*, de la troisième à la quatrième ; un ton, de la quatrième à la cinquième ; *idem*, de la cinquième à la sixième ; *idem*, de la sixième à la septième ; enfin, un *limma*, de la septième à la huitième. Eh bien ! dans la gamme de *sol*, qui procède de même jusqu'à la sixte, le second *limma* se trouve de la sixième à la septième note, au lieu d'être de la septième à la huitième, c'est à dire de *mi* à *fa*, au lieu d'être de *fa* à *sol*. Le seul moyen d'arranger les choses est donc de diéser le *fa* pour former un ton plein de la sixième à la septième note, et un *limma* seulement de la septième à la huitième, comme dans la gamme de *do*.

D'ailleurs, sans ce *fa* dièse il n'y aurait pas de septième sensible ; car, pour que la septième note soit sensible, c'est à dire, pour qu'elle fasse sentir la huitième, qu'elle tende à monter vers elle, il est urgent, nous le savons bien, qu'elle ne soit pas éloignée de plus de quatre *comma* de cette huitième.

Gamme de sol.

— Pourquoi la gamme de *ré* prend-elle deux dièses ?

— Parce que ses deux *limma* se trouvant mal placés, on ne peut les remettre à leur poste qu'au moyen de ces signes d'altération. Le premier *limma* fait triste figure du *mi* au *fa*, comme le second du *si* au *do* : leur station véritable est entre le *fa* et le *sol*, entre le *do* et le *ré* ; c'est ce qu'on obtient en diésant le *fa* et le *do*. Voilà l'emploi des deux dièses motivé.

Gamme de ré,

Plus on monte de quinte en quinte et plus on trouve les *tons* et les *limma* dérangés.

Il faut donc, graduellement, une plus forte dose de ces *altératifs* pour mettre en bon état toutes les gammes de la série qui nous occupe. Ainsi l'échelle de *la* dépense trois dièses ; celle de *mi*, quatre ; celle de *si*, cinq ; celle de *fa* dièse en consomme six ; enfin, celle de *do* dièse les accapare tous.

Moyennant la combinaison susdite, les degrés de ces divers escaliers vocaux se trouvent si bien mesurés sur ceux de leur patron, qu'on peut les monter et les descendre tous en disant toujours *do*, *ré*, *mi*, *fa*, *sol*, *la*, *si*, *do*, *si*, *la*, *sol*, *fa*, *mi*, *ré*, *do*, sur des tons différens.

— Dans quel ordre se suivent les gammes majeures bémolisées ?

— Elles se suivent de quinte en quinte en descendant, ou de quarte en quarte en montant.

— Vous rappelez-vous que les bémols procèdent de même ?

— Oui.

— Vous en saurez la raison tout à l'heure. Continuez.

— Ainsi donc, après le ton de *do*, viennent successivement es tons de *fa*, de *si* bémol, de *mi* bémol, de *la* bémol, de *ré* bémol, de *sol* bémol et de *do* bémol.

— Pourquoi cet ordre ?

— Parce que les gammes bémolisées s'altèrent de plus en

plus , de quinte en quinte en descendant. En effet, la gamme de *fa*, qui se trouve à une quinte au dessous de *do*, demande un bémol à la clé ; celle de *si* bémol, qui est à une quinte au dessous de *fa*, en demande deux, etc.

— Maintenant à quoi sert un bémol dans le ton de *fa* ?

— C'est facile à comprendre : il remet à sa place un *limma* qui n'y était pas, et fait que tous les intervalles conjoints se trouvent distribués dans cette gamme comme dans celle de *do*.

Commencez l'échelle par un *fa*, naturellement vous trouverez trois tons, de la première à la quatrième note.

Exemple :

Fa — sol — la — si bécarre.
Un ton   un ton   un ton

tandis qu'il ne faut que deux tons et un *limma*.

Exemple :

Fa — sol — la — si bémol.
Un ton   un ton   un *limma*.

L'emploi du bémol est donc motivé.

Gamme de fa.

— Pourquoi deux bémols dans le ton de *si* bémol ?

— Pour des raisons également péremptoires. D'abord il est bien clair que si vous n'accoliez pas un bémol au *si*, ce ne serait plus une gamme de *si* bémol , mais bien de *si* naturel que vous feriez, et, alors, au lieu de deux bémols, il faudrait cinq dièses à la clé. Puis ce bémol, en rapprochant le *si* du *la*, pour produire la septième sensible , éloigne ce même *si* du *do* pour donner au premier degré de l'échelle l'élévation d'un *ton* plein. De même que le second bémol, affecté au *mi*, rapproche le premier *limma*, trop éloigné d'un degré.

Si bémol — *do* — *ré* — *mi* bécarre (mauvais).
Si bémol — *do* — *ré* — *mi* bémo   (bon).

Gamme de si bémol.

Plus on descend de quinte en quinte et plus on trouve les

tons et les *lümma* dérangés. Donc, à chaque nouvelle gamme qui apparaît, il faut un bémol de plus. Ainsi, l'échelle de *mi* bémol exige trois bémols ; celle de *la* bémol, quatre ; celle de *ré* bémol, cinq ; celle de *sol* bémol en veut une demi-douzaine ; enfin celle de *do* bémol n'en a pas trop de sept.

— Eh bien ! comprenez-vous à l'heure qu'il est, pourquoi les dièses se suivent de quinte en quinte, en montant, et les bémols, de quinte en quinte, en descendant ?

— Sans doute : il suffit pour cela de quelques grains de bon sens.

— Mettez-nous donc dans la confidence.

— Avec grand plaisir.

Commençons par les dièses.

Ils servent tous à former des septièmes sensibles : *fa* dièse, celle de *sol* ; *do* dièse, celle de *ré* ; *sol* dièse, celle de *la* ; *ré* dièse, celle de *mi*; *la* dièse, celle de *si*; *mi* dièse, celle de *fa* dièse; *si* dièse, celle de *do* dièse. Or, chacun d'eux est forcément sur les talons d'une tonique quelconque, lui saute presque sur le dos. Si donc toutes ces toniques se succèdent par quintes ascendantes, tous les dièses sont obligés de suivre une marche semblable. En effet, *fa* dièse, *do* dièse, *sol* dièse, par exemple, se trouvent aussi bien à une quinte les uns des autres que les toniques de *sol*, de *ré*, de *la*, dont ils sont les sensibles.

A présent au tour des bémols. Tous servent à détruire des septièmes sensibles au lieu d'en former.

Le *si* bémol anéantit celle de *do* pour établir la gamme de *fa*. De sorte que le *si* naturel qui, tout-à-l'heure, était l'avant-dernier degré de la gamme-modèle et tendait à monter au huitième, devient, après son altération, le quatrième degré de la nouvelle échelle et tend à descendre au troisième.

Le *mi* bémol détruit, à son tour, la sensible de *fa*, pour établir le ton de *si* bémol. Le *la* bémol chasse de même celle de *si* bémol pour mettre à la place de cette gamme le ton de *mi* bémol. Le *ré* bémol fait faire la culbute à l'avant-coureur de la tonique *mi* bémol pour consacrer la domination du ton de *la* bémol. Le *sol* bémol, en donnant le coup de grâce à la sensible de *la* bémol, invite la gamme de *ré* bémol à prendre le sceptre. Le *do* bémol vient le briser et proclamer roi le ton de *sol* bémol. Enfin le *fa* bémol met aussi à la porte la sensible de *sol* bémol et laisse le pouvoir à la gamme de *do* bémol.

— Allons ! en musique, la royauté n'est pas solide ; il faut peu de chose pour la renverser ! Que concluez-vous de tout ceci?

— Qu'il en est des bémols comme des dièses : que le *si* bémol, le *mi* bémol et le *la* bémol, par exemple, se succèdent aussi bien par quintes descendantes que les tons de *fa*, de *si* bémol et de *mi* bémol dont ils sont les compagnons inséparables.

— Quel est le nombre des gammes majeures et mineures soit avec des dièses, soit avec des bémols ?

Il est facile à dire et facile à retenir, car il se retrouve souvent dans la théorie musicale. Puisque chacune des notes de l'échelle-modèle peut devenir tonique d'une autre échelle, on doit trouver d'abord sept gammes majeures diésées, ci 7

Idem de majeures bémolisées, ci 7

Puis chaque ton majeur étant susceptible de se transformer en mineur, on doit trouver encore le même nombre de tons mineurs diésés, ci 7

Idem de mineurs bémolisés, ci 7

Plus les deux tons-modèles de *do* majeur et de *la* mineur, ci 2

—
Total 30

Reste même, comme supplément indispensable, la gamme chromatique qui prend sa source dans toutes les autres et confond les deux modes. Pour en revenir au chiffre 7, que les adeptes de Nostradamus regarderaient ici comme un nombre cabalistique, nous devons nous rappeler ce qui suit :

L'alphabet musical se compose de *sept* syllabes ; il y a *sept* tons, petits ou grands, dans l'escalier vocal ; *sept* intervalles naturels : *sept* figures de note ; *sept* figures de silence ; *sept* dièses et *sept* bémols...

— Donnez-nous la série des tons majeurs diésés et de leurs relatifs mineurs ; ceux de *do* majeur et de *la* mineur serviront d'avant-garde.

— Vous serez satisfaits à l'instant même.

do, ré, mi, fa, sol, la, si, do, si, la, sol, fa, mi, ré, do.
la, si, do, ré, mi, fa ♯, sol ♯, la, sol ♮, fa ♮, mi, ré, do, si, la.

sol, la, si, do, ré, mi, fa ♯, sol, fa ♯, mi, ré, do, si, la, sol.
mi, fa ♯, sol, la, si, do ♯, ré ♯, mi, ré ♮, do ♮, si, la, sol, fa ♯, mi.

ré, mi, fa ♯, sol, la, si, do ♯, ré, do ♯, si, la, sol, fa ♯, mi, ré.
si, do ♯, ré, mi, fa ♯, sol ♯, la ♯, si, la ♮, sol ♮, fa ♯, mi, ré, do ♯, si.

la, si, do♯, ré, mi, fa♯, sol♯, la, sol♯, fa♯, mi, ré, do♯, si, la.
fa♯, sol♯, la, si, do♯, ré♯, mi♯, fa♯, mi♮, ré♮, do♯, si, la, sol♯, fa♯.

---

mi, fa♯, sol♯, la, si, do♯, ré♯, mi, ré♯, do♯, si, la, sol♯, fa♯, mi.
do♯, ré♯, mi, fa♯, sol♯, la♯, si♯, do♯, si♮, la♮, sol♯, fa♯, mi, ré♯, do♯.

---

si, do♯, ré♯, mi, fa♯, sol♯, la♯, si, la♯, sol♯, fa♯, mi, ré♯, do♯, si.
sol♯, la♯, si, do♯, ré♯, mi♯, fa♯♯, sol♯, fa♯♯, mi♮, ré♯, do♯, si, la♯, sol♯.

---

fa♯, sol♯, la♯, si, do♯, ré♯, mi♯, fa♯, mi♯, ré♯, do♯, si, la♯, sol♯, fa♯.
ré♯, mi♯, fa♯♯, sol♯, la♯, si♯, do♯♯, ré♯, do♯♯, si♯, la♯, sol♯, fa♯♯, mi♯, ré♯.

---

do♯, ré♯, mi♯, fa♯, sol♯, la♯, si♯, do♯, si♯, la♯, sol♯, fa♯, mi♯, ré♯, do♯.
la♯, si♯, do♯, ré♯, mi♯, fa♯♯, sol♯♯, la♯, sol♯♯, fa♯♯, mi♯, ré♯, do♯, si♯, la♯.

— Ajoutez-y la série des tons majeurs bémolisés et de leur relatifs mineurs.

— Nous nous empresserons de combler vos désirs.

fa, sol, la, si♭, do, ré, mi, fa, mi, ré, do, si♭, la, sol, fa.
ré, mi, fa, sol, la, si♮, do♯, ré, do♮, si♭, la, sol, fa, mi, ré.

---

si♭, do, ré, mi♭, fa, sol, la, si♭, la, sol, fa, mi♭, ré, do, si♭.
sol, la, si♭, do, ré, mi♮, fa♯, sol, fa♮, mi♭, ré, do, si♭, la, sol.

---

mi♭, fa, sol, la♭, si♭, do, ré, mi♭, ré, do, si♭, la♭, sol, fa, mi♭.
do, ré, mi♭, fa, sol, la♮, si♮, do, si♭, la♭, sol, fa, mi♭, ré, do.

---

la♭, si♭, do, ré♭, mi♭, fa, sol, la♭, sol, fa, mi♭, ré♭, do, si♭, la♭.
fa, sol, la♭, si♭, do, ré♮, mi♮, fa, mi♭, ré♭, do, si♭, la♭, sol, fa.

---

ré♭, mi♭, fa, sol♭, la♭, si♭, do, ré♭, do, si♭, la♭, sol♭, fa, mi♭, ré♭.
si♭, do, ré♭, mi♭, fa, sol♮, la♮, si♭, la♭, sol♭, fa, mi♭, ré♭, do, si♭.

---

sol♭, la♭, si♭, do♭, ré♭, mi♭, fa, sol♭, fa, mi♭, ré♭, do♭, si♭, la♭, sol♭.
mi♭, fa, sol♭, la♭, si♭, do♮, ré♮, mi♭, ré♭, do♭, si♭, la♭, sol♭, fa, mi♭.

---

do♭, ré♭, mi♭, fa♭, sol♭, la♭, si♭, do♭, si♭, la♭, sol♭, fa♭, mi♭, ré♭, do♭.
la♭, si♭, do♭, ré♭, mi♭, fa♮, sol♮, la♭, sol♭, fa♭, mi♭, ré♭, do♭, si♭, la♭.

— Très bien, très bien. Mais voici la porte de l'hôtel du *Lion-d'Or* ; c'est ici notre douzième étape. Nos jambes ont assez travaillé ; donnons-leur un instant de répit.

Si l'arc était toujours tendu, la corde finirait par se briser. Laissons donc notre esprit se détendre et faire de nouvelles provisions.

Nous avançons vers le terme de notre voyage : cependant il nous reste encore à gravir quelques rochers escarpés. Du courage et nous triompherous de tous les obstacles !...

Qu'on me permette de répéter ici ce que j'ai dit dans ma préface : « Ce livre n'est point écrit pour les princes de la science ; » il s'adresse spécialement aux mères de famille et à leurs chè- » res petites élèves. » Qu'on ne s'étonne donc point si, parfois, je suis prolixe ; c'est à dessein.

J'aime mieux entrer dans les plus minutieux détails, revenir vingt fois s'il le faut sur les mêmes choses, et être sûr que tous mes lecteurs me comprendront.

Voici la règle que je me suis imposée. Chaque fois que je viens de donner une définition, d'établir un principe, je m'adresse la question suivante : « Est-ce clair pour tout le monde ? » Si quelqu'instinct me dit : « *Non* ! », je biffe le passage et je le recommence jusqu'à ce que je puisse me répondre à moi-même : « Oui, c'est clair pour tout le monde. » Trop heureux si le public ratifie ma sentence !...

TREIZIÈME ENTRETIEN.

—

Que vous êtes heureuses, mes chères enfans, de vivre entourées des soins d'une excellente mère ; de jouir de ses caresses,
de son plus tendre sourire !

Savez-vous le prix des bons exemples qu'elle vous donne, des
sages conseils qu'elle vous distribue comme une manne bienfaisante ? Pensez-y bien : vous êtes riches, très riches ; car le ciel
vous a fait don d'un trésor inappréciable. Une mère, oh ! mes
petites amies, c'est une perle, un diamant pur ; c'est l'astre protecteur d'une famille ; c'est sa vie, son bonheur ! Si vous perdiez votre mère, vous perdriez tout au monde ! Priez donc les
anges de l'abriter sous leurs ailes, de chasser loin de cette tête
si chère les orages destructeurs !

Hélas ! moi qui vous parle, je n'ai pu conjurer la tempête qui
est venu fondre tout-à-coup sur la mère de mon pauvre enfant !

La mort a des rigueurs à nulle autre pareilles....

Elle ne respecte ni la jeunesse, ni la vertu, ni le talent : autrement, elle n'eût pas frappé ma bonne Augustine ! Sa faux
moissonne le bon grain comme l'ivraie ; la cruelle est sourde à
toutes les prières !...

Voyez, charmantes élèves, si vous devez vous trouver heureuses de serrer dans vos bras une mère qui vous chérit ! Quand vous l'appelez , elle vous répond bien tendrement : mon Alfred appelle aussi sa mère, mais elle ne lui répond pas !..., Il est vrai que, du haut du ciel, elle veille sur son enfance ; mais il aurait besoin de sa tendresse sur la terre...

Enfans trop fortunées, écoutez donc attentivement, je vous le répète, celle qui s'est consacrée, corps et âme, à votre existence ! Quand votre mère prendra la peine de vous remettre en mémoire ce que j'ai tant de plaisir à vous apprendre, recueillez avidement ses paroles ; qu'elle trouve votre esprit prêt à recevoir la semence et à la faire germer. Que votre plus grande joie soit de contribuer au bonheur de celle qui songe au vôtre à tous les instans et vous serez dignes alors des faveurs que Dieu vous a prodiguées !...

Reprenons maintenant, sans autre préambule, la suite de notre dernier entretien.

— Peut-on reconnaitre, à l'inspection des dièses ou des bémols constitutifs, dans quel ton est un morceau de musique quelconque ?

— Oui; mais ce moyen n'est pas infaillible et donne gain de cause à la routine tout aussi bien que celui qui consiste à regarder la note finale du discours musical.

N'importe; nous le donnerons avant les autres, comme échantillon des théories anciennes.

Toutes les vieilles méthodes , plus ou moins classiques , disent à peu près ce qui suit : « Quand il n'y a ni dièses » ni bémols à la clé, l'on ne peut être qu'en *do* majeur ou en » *la* mineur. » C'est vrai, pourvu que le compositeur ne soit pas un original, ou que le copiste, voire même le graveur, ne soit pas un étourdi. Ce mécompte est arrivé plus d'une fois aux amateurs des *bons principes*. « Si la clé se trouve armée de dièses , » on les compte d'abord puis on prend le dernier pour la sep- » tième sensible de la tonique cherchée qui doit être naturelle- « ment un degré au dessus de ce dièse. Ainsi , supposez à la » clé, *fa* dièse , *do* dièse, et *sol* dièse : qui sera la sensible ? — » *sol* dièse. — De quoi ? — De *la* , qui le suit immédiatement.» Voilà du moins de la théorie populaire !

Il est fâcheux que la pratique vienne parfois déranger les calculs de nos devanciers. Voyons le reste. « Mais on n'est pas tou- » jours en *la* majeur, quand il y a trois dièses à la clé. *Fa* dièse » mineur veut avoir son tour ; il a bien raison. Donc, pour les

» distinguer l'un de l'autre, on examine si la quinte du majeur
» est altérée. Si elle ne l'est pas, on est sûr d'être en majeur;
» si elle l'est, on est à peu près certain d'être en mineur. »

Ceci commence à devenir plus concluant. « Si la clé est ar-
» mée de bémols, on prend l'avant-dernier pour tonique; s'il
» n'y en a qu'un seul, on descend quatre degrés au dessous de
» ce bémol pour trouver la tonique (du majeur, bien entendu).»

Allons ! nous avons assez grapillé dans la vigne de nos voisins ; vendangeons maintenant dans notre crû.

Ce qui, selon nous, peut conduire plus sûrement dans la véritable voie, le voici. Sans doute, il est bon de tenir compte du
nombre de dièses ou de bémols qui sont à la clé; mais il reste
bien autre chose de plus important à faire, si l'on ne veut pas
se fourvoyer.

1° D'après les règles de la tonalité moderne, toute pièce de
musique doit commencer, à la partie mélodique, par une des
notes de l'accord parfait du ton ; cet accord parfait se compose
de la tonique, de la tierce et de la quinte.

2° La basse fondamentale, qui sert de piédestal au chant,
doit débuter, au point de vue classique, par la tonique elle-
même. Si donc vous êtes en *do* majeur, l'attaque de la mélodie
se fera, soit par un *do*, soit par un *mi*, soit par un *sol*, et la
basse, pour être strictement régulière, entrera en scène par
un *do*.

Exemple :

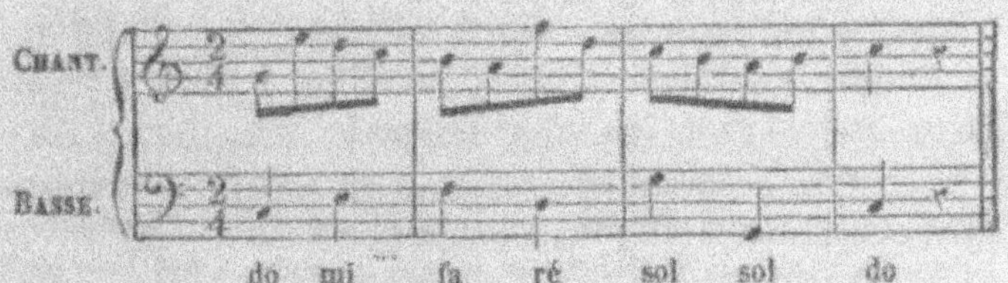

3° Toutes les notes de l'accord parfait doivent se trouver réunies ou éparses dans les premières mesures du morceau.

C'est ce que prouve l'exemple précité. Retranchez le *ré*, dans
la première mesure du chant, il vous restera : *sol, mi, do*; ren-
versez ces trois notes et vous trouverez l'accord parfait : *do, mi,
sol*. En cherchant bien et en barrant les notes secondaires, vous
rencontrerez encore la même combinaison dans la basse d'accompagnement.

4° Si la mélodie commence par la quinte inaltérée de la gamme majeure, le morceau sera forcément en majeur, car cette quinte ne fait pas partie de l'accord parfait mineur relatif : si, au contraire, le chant s'entame sur la tonique du mineur relatif, la pièce de musique sera, de droit, en mineur, car cette tonique n'entre pas dans l'accord parfait majeur relatif. En effet, le *la*, tonique de *la* mineur, n'a pas plus de rapport avec l'accord parfait de *do*, *mi*, *sol*, que le *sol* lui-même n'en peut avoir avec celui de *la*, *do*, *mi*.

— C'est clair comme le jour. Une remarque, cependant : les notes *do — mi*, étant communes aux deux accords parfaits, si le morceau commence par un *do* ou par un *mi*, soit même par l'un et l'autre, comment saurez-vous que vous êtes plutôt en *do* majeur qu'en *la* mineur, et *vice versâ*?

— Par les observations suivantes. Si nous rencontrons, un peu plus loin, un *sol* naturel, ayant quelqu'importance dans la phrase, nous aurons mille chances contre une d'être en *do* majeur ; si, au contraire, nous apercevons un *sol* dièse accompagnant un *la*, ne verrions-nous même qu'un *la* seul, il y aura tout à parier que nous sommes en *la* mineur. Puis l'oreille distingue de suite un accord parfait majeur d'un accord parfait mineur : dans l'un, la première tierce est majeure et la seconde mineure ; dans l'autre, la première est mineure et la seconde majeure.

— Vos observations sont justes ; mais nous avons encore une objection à vous faire.

N'arrive-t-il pas souvent que la mélodie commence par une ou plusieurs notes complètement étrangères à l'accord parfait du ton majeur ou de son relatif mineur?

— Oui, très souvent, surtout dans les œuvres des romantiques. Le classique Haydn, lui-même, en offre de nombreux exemples dans ses symphonies et ses quatuors ; mais ce sont toujours des exceptions à la règle, et les hommes de génie, seuls, savent l'enfreindre avec bonheur. Du reste, ces phrases anomales, qui semblent n'appartenir à aucune gamme, sont ordinairement une ruse de guerre pour arriver, avec plus d'effet, au ton fondamental du morceau. Ne vous arrêtez pas aux préambules ; pénétrez plus avant dans le discours musical et vous trouverez bientôt le moyen de vous orienter.

— Donnez-nous quelques exemples de ces excentricités.

— En voici plusieurs :

En *do* majeur.

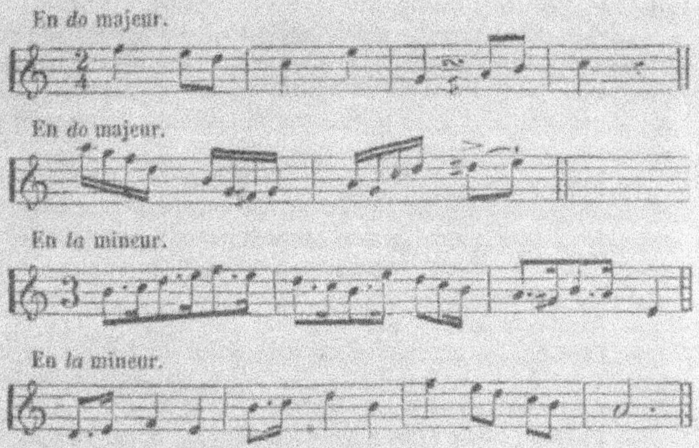

En *do* majeur.

En *la* mineur.

En *la* mineur.

— Les dièses ou bémols, qu'on rencontre épars dans une composition musicale, servent-ils toujours à changer le ton ou le mode du morceau?

— Non, pas toujours : ils sont là, quelquefois, pour donner un accent particulier à la phrase, la rendre plus euphonique. Il est donc prudent de ne pas se laisser prendre à ces indices, souvent trompeurs, et de s'appuyer sur d'autres jalons. Pour ne pas errer, il faut examiner attentivement si les notes altérées sont importantes dans la mélodie, si elles portent accord, accompagnement, ou si elles ne sont que de simples petites notes, habillées en grosses. Cet innocent stratagème déroute même un instant, quand on cherche la tonique.

Exemple :

Résumons.

Pour reconnaître bien le ton d'une pièce de musique, les trois conditions importantes sont donc:

1° La découverte de l'accord parfait majeur ou mineur ;

2° La distinction d'une septième sensible fixe ou accidentelle;

3° L'exacte connaissance de la note fondamentale, à la basse.

— Mais est-ce que la basse d'accompagnement ne commence pas toujours par la tonique?

— Non. Dans certains cas, elle débute par la tierce, la quinte et même la septième sensible ; alors elle veut faire la pincée, l'originale. Pour connaître sa lignée, entrez de pied ferme dans son domaine. Celui qui a la patience de remonter le cours d'une rivière en trouve toujours la source.

— Nous sommes parfaitement éclairés sur ce point. Il nous reste maintenant à examiner s'il existe, entre les tons ou gammes, des rapports plus ou moins intimes, une parenté quelconque. Sauriez-vous nous renseigner à cet égard?

— Certainement.

— Expliquez-vous.

— Dire que les gammes ne sont pas unies entre elles par des liens indissolubles ce serait nier l'existence du soleil. C'est une chaîne dont les anneaux sont parfaitement soudés.

— Pourriez-vous nous faire connaître les divers degrés de cette parenté ?

— C'est très facile. Il y a entre tous les tons majeurs et mineurs des rapports de plusieurs sortes : les plus intimes résultent des notes de l'accord parfait de *do*, par exemple, qui sont communes à d'autres accords. Ainsi *do* naturel est commun à l'accord de *do* majeur ou mineur, de *la* mineur, de *fa* majeur ou mineur et de *la* bémol majeur.

Mi naturel est commun à l'accord parfait de *do* majeur, de *la* mineur ou majeur, et de *mi* mineur ou majeur. *Sol* naturel est commun à l'accord parfait de *do* majeur ou mineur, de *mi* mineur, de *mi* bémol majeur et de *sol* majeur ou mineur.

— D'où résultent les autres rapports ?

— De la même quantité de dièses ou de bémols constitutifs qu'on emploie dans des tons différens.

Sol majeur, par exemple, demande un dièse à la clé ; *mi* mineur également. L'armure de *si* majeur présente cinq dièses : celle de *sol* dièse mineur lui fait concurrence. *Fa* majeur ne peut se passer d'un bémol, *ré* mineur non plus. *Ré* bémol majeur veut être accompagné de cinq bémols ; *si* bémol mineur ne marcherait pas sans le même cortége. Tous les tons majeurs sont dans les mêmes rapports avec leurs relatifs mineurs.

— Votre sac est-il vide?

— Non, pas encore. Il nous reste à parler des identités enharmoniques qui répandent une grande richesse dans le domaine des modulations. Le ton de *fa* dièse majeur est synonyme de *sol* bémol majeur, comme *do* dièse majeur l'est de *ré* bémol majeur, comme *si* majeur l'est de *do* bémol majeur, etc. Ces changemens subits sont des espèces de subterfuges qui, bien employés, produisent des effets ravissans ; mais il ne faut pas plus en abuser que de toute autre ruse : *Tant va la cruche à l'eau qu'enfin elle se brise.* »

Mayerbeer, dans *Robert-le-Diable*, a presque épuisé la veine, non toutefois sans en extraire bien des diamans.

— Puisque certaines gammes ont entre elles des rapports plus ou moins intimes, on peut donc voyager de chez les unes chez les autres sans sortir de la famille harmonique qu'elles représentent ?

— Oui, sans doute : c'est ce qu'on appelle improprement *moduler*.

— Que devrait-on donc entendre par *modulation ?*

— L'action d'amener le changement du *mode* ou manière d'être du ton, et non pas celui du *ton* lui-même, comme le disent les anciennes théories.

Il est à regretter qu'il n'y ait pas, dans le vocabulaire musical, un terme technique pour exprimer l'admirable connexion des gammes, leur ingénieuse fraternité.

— Le mot *transition* ne ferait-il pas bien votre affaire ?

— Non, car il signifie simplement l'instant même où s'accomplit la *substitution* d'un ton à un autre. Il faut donc, faute de mieux, se servir du terme *modulation*, tout impropre qu'il est.

Ainsi, d'après l'opinion reçue, on doit entendre par *modulation* l'action de faire jouer habilement toutes les cordes mélodiques ou harmoniques d'une gamme quelconque ou, mieux encore, de préparer le changement des tons et des modes en conduisant la phrase, par mille détours, jusqu'à la rencontre d'une *transition* logique. Autant de fois on répète ce procédé fort attrayant, autant il y a de *modulations*.

— Doit-on suivre une marche régulière dans ces différens voyages ?

— Certainement ; mais la meilleure boussole, c'est le génie : heureux les privilégiés qui le possèdent !

— Indiquez-nous toujours les routes battues.

— Rien de plus facile ; seulement, pour rendre notre explication plus claire, nous serons obligés de nous adresser à la sœur cadette de la *mélodie*, c'est à dire à l'*harmonie* en personne.

— Fort bien. Mais avant de commencer un nouveau compte réglons d'abord l'ancien.

Vous nous parlez sans cesse de mélodie, et vous n'avez pas encore pris la peine de nous en donner une bonne définition. C'est une négligence de votre part.

— Nous allons la réparer.

Le mot *mélodie* vient du grec : μελωδία, composé de : μέλος, chant, et d'ἡδύ, agréable, ou d'ᾄδω, je chante. En effet, une *mélodie* n'est autre chose qu'une heureuse combinaison de sons et de valeurs qui, entendus successivement, charment l'oreille et délectent l'âme. Nous ne parlons pas ici des pauvretés musicales qui s'approprient ce beau nom, mais le portent mal.

Qui dit *mélodie* dit nécessairement chant mélodieux.

— Maintenant au tour de l'*harmonie*, si vous le voulez.

— L'*harmonie* est tout à la fois la science et le produit des accords.

— Qu'est-ce qu'un *accord* ?

— C'est le résultat de différens sons entendus simultanément et qui se marient bien ensemble. Il y a des accords de deux, de trois, de quatre et de cinq sons.

Exemple :

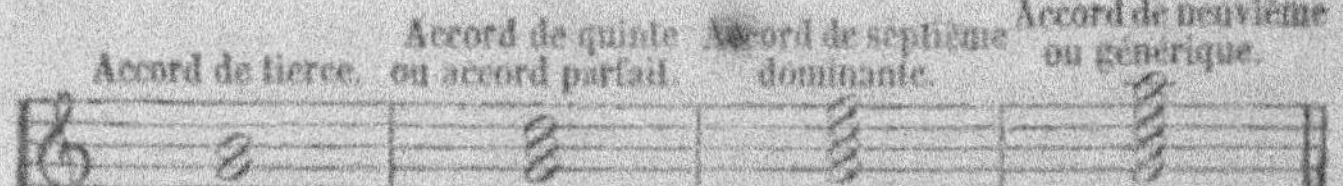

La réunion de toutes les familles d'accords et des lois qui les régissent constitue l'*harmonie théorique* : leur emploi, leur enchaînement plus ou moins heureux, dans une pièce de musique, constitue l'*harmonie pratique*.

— Bravo ! mais n'allez pas plus loin. Si, plus tard, nous entreprenons un nouveau voyage, nous visiterons en détail tout le domaine de cette grande dame, à l'abord difficile, et qui cherche incessamment à dépouiller sa sœur de son droit d'aînesse, tandis qu'elle devrait s'estimer heureuse d'être sa cameriste. Aujourd'hui, contentez-vous de lui demander le secret d'établir une communication directe entre les gammes d'une même famille, d'amener des rapprochemens naturels, des unions sortables. Déjà nous connaissons les rapports primitifs, engendrés par les notes communes à plusieurs accords parfaits, par l'enharmonique, etc. ; il nous reste à voir quel admirable parti l'art sait en tirer.

Mettez-nous sur la voie.

— Nous y voici.

Supposez qu'on soit en *do* majeur : rien de plus simple que de passer en *sol* majeur.

— Comment cela ?

— D'abord, après l'accord parfait de *do*, l'on passe à celui de *sol*, qui est sa dominante.

— Qu'est-ce qu'une *dominante ?*

— Il nous semblait l'avoir dit précédemment. N'importe : *bis repetita placent.* Une dominante, c'est la cinquième note d'une gamme : on la nomme ainsi, parce qu'elle domine dans l'accord parfait du ton : de même que la troisième note s'appelle *médiante*, parce qu'elle tient le *milieu* entre la tonique et la quinte.

Voici, du reste, les noms *harmoniques* qu'on a donnés à chacun des degrés de la gamme moderne : le premier, comme nous le savions déjà, prend le nom de *tonique mère*, parce qu'il est la pierre fondamentale du ton ; le deuxième celui de *sus-tonique* ; le troisième celui de *médiante* ; le quatrième celui de *sus-médiante* ou de *sous-dominante* ; le cinquième celui de *dominante* ; le sixième celui de *sus-dominante* ; le septième celui de *sensible* ou de *sous-tonique* ; le huitième, enfin, celui de *tonique-octave*.

— Revenez à votre passage en *sol*.

— Nous disions donc qu'après l'accord parfait de *do* l'on passait à celui de *sol*. Alors, au lieu de considérer ce dernier comme accord parfait de la dominante de *do*, l'on doit le regarder comme accord parfait de *sol* ; puis tomber sur celui de *ré* majeur en mettant un dièse accidentel au *fa* ; puis enfin effectuer un repos harmonique sur le *sol* lui-même.

Exemple :

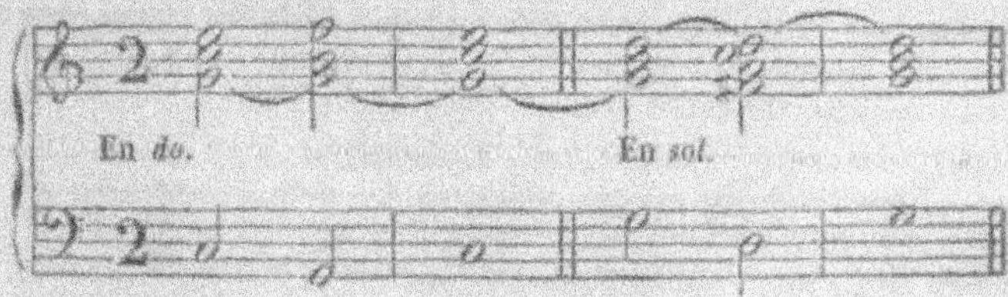

Dans ce cas, l'accord parfait de ré majeur devient la dominante de *sol*, comme *sol* était, tout-à-l'heure, la dominante de *do*. Si l'on veut passer en *mi* mineur, relatif de *sol* majeur, il suffit de substituer à la tonique de celui-ci la tonique de celui-là, puis d'aller trouver l'accord parfait dans la dominante de *mi*, qui est *si* majeur (avec un *ré* dièse accidentel), puis enfin de revenir à l'accord parfait de *mi* mineur.

Exemple :

Cet exemple, qui s'applique à toutes les gammes, majeures et mineures, suffit, croyons-nous, pour donner une idée précise de la quantité de sentiers qu'un ton principal peut parcourir sans s'égarer ; et ces chemins si divers, qui semblent s'éloigner de la grand'route, y ramènent tout naturellement, sans peine et sans fatigue.

— C'est vrai. Pourtant votre exemple ne présente qu'une carcasse entièrement nue, bâtie sans apprêt, et dont toutes les parties sont jointes entr'elles par les seules notes communes, enjambant sans cesse d'un accord sur l'autre. Il y a cent moyens ingénieux de transporter l'auditeur dans toutes les sinuosités du labyrinthe, presque sans qu'il s'en aperçoive, et de le replacer ensuite bien doucement au point d'où il était parti. Ce travail, si compliqué, si minutieux, exige, pour être parfait, qu'un grand maître y mette la main.

Si l'on n'a pas, devers soi, beaucoup de talent et d'adresse, un tact et un goût très fins, on ne peut dissimuler la soudure, et le but est manqué....

Mais il est temps de songer à la retraite. Le soleil se cache derrière les montagnes et le besoin de repos se fait sentir. Après le sommeil, les idées sont plus fraîches, comme la terre, après la rosée du matin. Obéissons donc à la loi de la nature.

Mes bonnes petites amies, je me suis laissé entraîner par la grandeur du sujet et n'ai pu trouver le loisir de vous raconter une histoire ; mais je ne commencerai pas l'entretien suivant sans réparer cette grave omission.

QUATORZIÈME ENTRETIEN.

———

Il y a fort peu de temps, je me trouvais dans une petite ville
de province où le flambeau des lumières n'est pas encore parfaitement allumé ; cela tient sans doute à ce que, dans ce pays,
on ne connaît pas du tout les allumettes chimiques allemandes.
Quoi qu'il en soit, la ville en question veut être musicienne aussi
bien qu'une autre. Elle possède un extrait de Société philhar-
monique, voire même un simulacre de Conservatoire.

Comme on me savait artiste, on vint me prier d'organiser un
concert au profit des pauvres. Je m'y prêtai de bonne grâce,
certain d'avance que j'allais rire, au moins sous cape. Ce qui
m'allait divinement à moi, venu dans ces parages tout exprès
pour me distraire.

Me voilà donc en campagne, cherchant à découvrir des Duprez,
des Vieuxtemps et des Thalberg. Trois célébrités du crû se ren-
contrent sur mon passage; mais la première avait perdu son
do de poitrine ; la seconde attendait un stradivarius qui n'arrivait pas, et la troisième un piano à queue, d'Erard, en voie de
fabrication. Jugez de mon désappointement ! «Allons ! me dis-je,
» laisse de côté les virtuoses, et frappe à la porte des choristes
» amateurs et des musiciens d'orchestre ! On peut se passer de
» dessert quand on a de bon potage et d'excellent rôti. Mais si
» la cuisinière renverse le pot-au-feu dans les cendres et fait

» brûler le gigot, que restera-t-il pour réconforter un estomac
» vide ?... »

Je n'ai pas besoin de vous l'apprendre. Eh bien ! c'est exactement l'histoire du concert projeté.

Par galanterie, je me présente d'abord chez les dames de haut parage, toujours prêtes à offrir gracieusement le concours de leur belle voix au soulagement de l'infortune, témoins Mme la comtesse de Spa, Mme la comtesse Merlin, Mme Orfila et tant d'autres ! Mais j'ai la douleur d'apprendre que la fleur de la société s'est envolée vers les eaux de Dieppe, de Trouville ou du Mont-d'Or.

Je vais ensuite chez les violonistes. Malheureusement, la grande sécheresse avait brisé les chanterelles de leurs instrumens, décollé les manches et les tables d'harmonie. Pour comble d'infortune, le luthier, profitant de la morte saison, était allé passer quinze jours à Paris. La clarinette et le hautbois me reçoivent à merveille, mais ils me disent que leurs anches sont usées, et que le facteur est chargé d'en faire provision dans la capitale. La petite flûte s'est démis le poignet. Les cors et les trompettes sont à la chasse. Le trombone a une paralysie sur la langue. Les violoncelles sont de garde et l'archet de la contrebasse a perdu tous ses crins. Enfin la grosse caisse est défoncée.

Que dites-vous de l'inventaire ? N'était-ce pas à se briser la tête contre les murailles ? J'allais le faire, quand je réfléchis que j'étais de la garde nationale et que je me devais à mon pays !...

J'oubliais le chef d'orchestre. Lui seul était en parfaite santé, n'avait pas d'empêchement légitime. Mais que faire tous les deux ? Je me rongeais les ongles... pour ne pas rire aux éclats, car j'avoue, à ma honte, que j'en avais plus envie que de pleurer.

Cependant, par amour-propre, je cherchais un expédient pour me tirer d'affaire. L'inspiration ne venait pas vite, et je commençais à me désespérer, quand on accourt m'annoncer l'arrivée de M. et de Mme Lefébure-Wély : deux providences pour une ! c'était jouer de bonheur ! Je vole à leur hôtel et leur fais part de mon embarras. Ces excellens artistes se mettent entièrement à ma disposition. Séance tenante, nous rédigeons un programme. M. Lefébure exécutera trois morceaux sur l'*harmonium*. (On sait avec quelle perfection mon aimable confrère joue les délicieux instrumens de Debain.) Mme Lefébure chantera deux romances et un grand air, plus un *duo* et un nocturne avec l'ordonnateur du concert. Ce dernier, à son tour, se lancera seul dans le sentier glissant de la roulade, et le public fera *chorus*, s'il le juge à propos.

Dès le lendemain matin, les affiches sont placardées, et chacun vient en foule demander des billets.

A midi, les trois acteurs de cette fête improvisée déjeunaient ensemble au café des Voyageurs, lorsqu'ils voient entrer dans la salle, avec armes et bagages, cinq de leurs meilleurs amis, tous artistes du Théâtre-Italien. Ces messieurs descendaient du chemin de fer du Nord et devaient se rendre, le lendemain, au château de M. le baron Copp***, à trois kilomètres de la ville, pour y faire de la musique d'ensemble.

En les voyant arriver, je ne pus m'empêcher de m'écrier : « Quelle bonne fortune ! le ciel nous est propice !... » et sans leur donner le temps de se reconnaître, pas même d'étancher leur soif, je leur fais promettre qu'ils joueront, à notre soirée musicale, le charmant quintette de M. Lefébure-Wély. Cette œuvre, pleine de verve et de fraîcheur, ne leur était point inconnue : six semaines auparavant, ils l'avaient déchiffrée devant moi avec une rare perfection. Voilà donc notre programme assez riche. Mais ce n'était pas tout : le ciel voulait nous accabler.... de faveurs. A peine nos confrères sont-ils attablés, qu'un nouveau personnage, petit et fluet, à l'œil vif et malin, portant le nez en l'air, apparaît comme un fantôme et va frapper mystérieusement sur l'épaule du premier violon. C'était Levassor, en tournée, qui nous avait flairés et venait se réjouir avec toute la bande.

Oh ! alors je n'y tiens plus. Je m'attache à ma proie et ne la lâche pas qu'elle ne m'ait assuré trois chansonnettes ; puis je cours chez l'imprimeur pour le prier de faire apposer une bande supplémentaire au bas de l'affiche. Le nom magique de Levassor produit son effet accoutumé. Dès sept heures du soir, la salle de la mairie est comble et les paresseux se désolent à la porte.

Le concert est magnifique, et la part des pauvres, tous frais déduits, est de *onze cent cinquante francs*. Le lendemain matin, les jeunes filles et les jeunes hommes de la bourgeoisie viennent, en corps, nous offrir des couronnes et des quatrains. Le maire, en personne, les suit de près et nous invite à un grand déjeuner, que nous acceptons avec empressement. A la fin du repas, on porte un toast à la prospérité de l'art musical en France et aux artistes parisiens ! Puis, chacun se disperse, emportant, dans son cœur la joie si pure d'avoir fait une bonne action....

Aimables lectrices, vos petites demoiselles sont si charmantes, que je me laisse entraîner au plaisir de leur raconter des histoires. Il convient pourtant de ne pas trop gaspiller les heures qui nous restent. Entrons à l'étude, mes jolies enfans, la récréation s'est assez prolongée.

— Qu'est-ce que solfier ?

— C'est chanter en nommant les notes.

— Qu'est-ce que vocaliser ?

— C'est chanter sur une seule voyelle. L'A se prête mieux que toutes les autres à cet exercice.

— Qu'est-ce que chanter, proprement dit ?

— C'est faire entendre des sons musicaux sur des paroles.

Exemple :

— Quelles sont les conditions essentielles pour bien solfier ?

— 1° La mémoire des notes ; 2° la justesse de l'oreille et de la voix ; 3° le sentiment de la mesure.

— C'est donc plus difficile que de lire du français ou du latin ?

— Sans doute, puisqu'il faut songer tout à la fois au nom des notes, à leur intonation et à leur valeur, tandis que, dans la lecture ordinaire, on n'a point à s'occuper d'autre chose que du nom des lettres et de leur assemblage. Il y a bien encore la ponctuation, mais elle existe aussi en musique et beaucoup plus compliquée que dans le discours. Puis, la respiration, pour chanter, demande plus de soins que la respiration pour réciter.

— Est-ce que la justesse de la voix ne dépend pas de la justesse de l'oreille ?

— Pas toujours.

— Vous avez raison. Certainement, si l'oreille est fausse, la voix ne peut être juste, car alors le chanteur n'a pas la conscience des sons qu'il émet. D'un autre côté, l'on peut avoir l'oreille juste et pourtant chanter faux : seulement on s'en aperçoit. Ceci doit s'expliquer par un vice générique dans les organes vocaux. Du reste, si vous désirez être plus éclairées sur la partie anatomique de l'instrument humain, lisez l'*Hygiène du Chanteur*, par le docteur Second : c'est un ouvrage curieux et instructif.

— Peut-on corriger une oreille fausse ?

— Tout cela dépend de la gravité de la maladie. On guérit la phthisie pulmonaire quand elle n'est qu'au premier degré ; mais si elle atteint le second et surtout le troisième, on ne la guérit plus.

Il en est de même de l'oreille. Cependant, il s'accomplit, dans notre individu, des transformations si bizarres, des mystères si impénétrables, qu'il serait peut-être imprudent de trancher la question.

— Très bien dit. Voici un fait qui vient à l'appui de votre réserve.

Il y a quinze ans, au début de ma carrière de maître de chapelle, on me présenta, pour choriste, un enfant qui paraissait intelligent et que je pris à l'essai. Sa figure m'avait intéressé. Dès le premier jour, je tâche de lui faire chanter la gamme ; impossible d'obtenir un son juste ! Je remets la partie au lendemain : même résultat ! Huit jours, quinze jours se passent, aucun changement dans cette oreille barbare ! Enfin, un mois s'écoule dans une vaine attente, et ma patience est à bout. J'allais en écrire à sa mère, quand je m'avise de tenter une dernière expérience. Cette fois, je reste stupéfait. Mon novice venait de parcourir toute l'échelle diatonique sans détonner ! Mais, n'en croyant pas mes oreilles, je le fais recommencer trois et quatre fois. Pas une note fausse ! Je crie au miracle et m'applaudis de ne l'avoir pas mis à la porte. La classe de solfége lui est ouverte à l'instant même ; ses progrès sont rapides et, quelques années plus tard, il était le meilleur élève de la maîtrise....

Qui donc avait opéré cette singulière métamorphose ? Je ne saurais le dire. Tout ce qu'il y a de certain, c'est que la maladie s'était plutôt logée dans l'oreille que dans le larynx, car le pauvre enfant ne s'apercevait pas qu'il chantait faux. Il fut guéri dès qu'il put apprécier les sons de la gamme. Maintenant, un homme ayant la voix fausse et l'oreille juste, est-il guérissable ?

— Oui, quelquefois. Mais alors il est essentiel de recourir à quelque médecin célèbre, comme Manuel Garcia, par exemple, dont on pourrait citer les cures merveilleuses. L'opération est longue et délicate : elle exige une connaissance approfondie de l'anatomie et de la physiologie des organes de la voix. La réus-

site est chanceuse. Que de soins, de précautions minutieuses,
d'exercices habilement conduits, pour arriver à un heureux résultat ! Ici l'art doit triompher de la nature, et ce n'est pas chose
facile, comme vous savez !

— Une voix juste peut-elle devenir fausse ?

— Oui, si elle est dirigée par un professeur inhabile, ou si
l'on tente, par soi-même, des efforts surnaturels pour lui donner un volume de son qu'elle ne comporte pas, et lui faire atteindre des cordes impossibles. Bien plus, on risque de la perdre
entièrement et, avec elle, la santé, la vie même. Dans ces dernières années, nous n'en avons vu que trop d'exemples.

— Pourtant, notre grand chanteur Duprez n'a pas suivi d'autre système. Il a fait des efforts inouïs pour se créer cette voix
excentrique, cette puissance de son que la nature lui avait refu-
sée. Est-il mort à la tâche ?

— Non, sans doute ; mais il avait une poitrine de fer et de
plus une intelligence supérieure. L'esprit, chez lui, vint au secours de la matière, et, comme tous les hercules, il employa
moins de force que d'adresse.

Il y a, chez Duprez, un art infini qui se joue sans cesse de la
nature. Mais voyez ces jeunes ténors, désireux de marcher sur
ses traces : ils succombent presque tous à la peine. Pourquoi ?
parce qu'ils ne sont pas charpentés comme leur maître ; parce
qu'ils poussent des sons avec une énergie sauvage, sans ména-
gement, sans art aucun ; parce qu'ils dépensent dans un jour ce
qu'ils devraient dépenser dans un mois, et qu'ils ne savent pas
distinguer un chanteur d'un crieur public. On pourrait les comparer à tous ces petits romantiques qui essayent de faire du
style *à la Châteaubriand.*

Duprez, croyez-le bien, n'a pas négligé d'essayer ses forces
avant de commencer ses pénibles exercices : il ne s'est pas
aventuré, sans étoile, dans cette voie périlleuse ; et c'est par un
crescendo, lentement accompli, qu'il a su gagner le but...

— Le sentiment de la mesure s'acquiert-il ?

— Non, il se développe ; mais si son germe n'existe pas chez
un élève, c'est en vain que vous chercherez à le lui donner. Du
reste, il en est de ce sentiment comme de celui du rhythme poétique : l'art n'y peut rien quand la nature nous en a privés to-
talement.

Mais, parce qu'un enfant n'ira pas en mesure de prime abord,
ne vous pressez pas de le mettre au rang des Midas. Ce défaut
tient souvent à des causes passives.

— Lesquelles ?

— Les voici :

La musique est un art d'imitation, comme le langage, du reste. Si, dès votre plus bas âge, vous entendez, sans cesse, autour de vous, des personnes s'exprimant avec aisance et pureté, vous vous habituerez, au bout d'un certain temps, à parler comme elles. De même, si vous sucez la musique avec le lait, à l'exemple des Allemands et des Italiens, votre oreille, à moins qu'elle ne soit barbare, se façonnera presqu'insensiblement à l'entente du rhythme et de l'intonation. Chez vous, déjà, l'instinct musical étant bien enraciné, la terre toute prête à recevoir la semence, l'éducation fera le reste sans beaucoup de peine. Tout ce que nous disons ici repose sur l'expérience.

Appartenez, au contraire, à une famille anti-musicienne : n'ayez point entendu converser dans cette langue divine, pendant les huit ou dix premières années de votre vie, qu'arrivera-t-il alors, si l'on vient à essayer vos facultés vocales ? tout d'abord vous trébucherez dans la gamme et vous battrez la mesure à faux. Mais un professeur instruit ne s'en tiendra pas à cette seule épreuve : il la renouvellera bien des fois, et peut-être la centième seulement lui donnera gain de cause !...

Empressons-nous d'ajouter qu'il y a beaucoup moins d'oreilles et de larynx infirmes qu'on ne le pense généralement.

— Et la mémoire des notes, que nous avons passée sous silence, est-elle difficile à acquérir ?

— Pour quelques organisations, oui ; pour d'autres, non. Il n'est pas rare de rencontrer des enfans qui apprennent leurs notes dans deux heures, comme aussi l'on en trouve qui, malgré leur aptitude pour le rhythme et l'intonation, n'arrivent jamais à se familiariser avec elles. Du reste, le mal n'est pas grand : ils en sont quittes pour vocaliser au lieu de solfier.

En parlant de la clé de *sol*, vous nous avez indiqué le moyen d'apprendre les notes de la gamme-modèle, mais vous avez passé trop légèrement sur cet exercice pratique qui donne entrée dans tous les solféges. Veuillez nous tracer une marche à suivre pour pénétrer facilement, d'abord dans le domaine de la clé de *sol*, puis dans celui de toutes les autres.

Nous allons vous satisfaire. Suivez bien le procédé.

Clé de sol.

Gamme, à double-octave, servant de guide-âne.

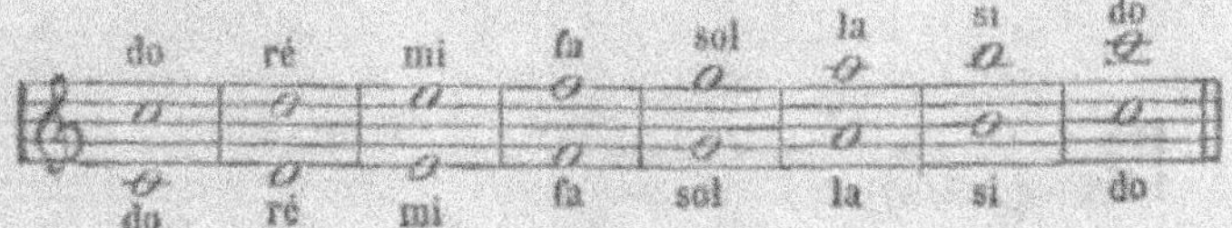

Voici maintenant les notes à deviner; les pièces du jeu de patience, dispersées au hasard, et qu'il faut reconnaître en comparant leur position sur la portée, à la position des notes du guide-âne dont les noms sont écrits sur ou sous chacune d'elles.

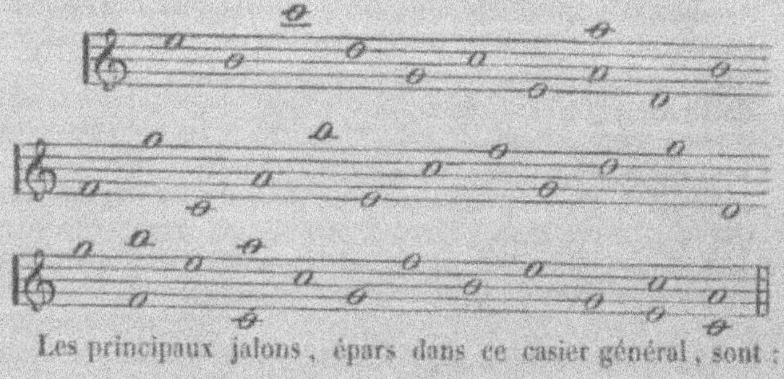

Les principaux jalons, épars dans ce casier général, sont :

Quand on sait parfaitement ces cinq notes, qui font ici l'office de moniteurs, on n'est pas long-temps à se graver les autres dans la mémoire. Il faut toujours les prendre pour point de départ et dire :

« Dans la gamme ascendante, le *re* doit suivre immédiatement
» le DO, *premier jalon* ; le *fa* précéder le SOL, *second jalon* ; le
» *mi* se glisser entre le *re* et le *fa* ; le *la* se présenter après le
» SOL ; et le *si* précéder le *do* du médium, *troisième jalon.* »

Répétez le même procédé, pour l'octave suivante, en ayant soin de faire cette remarque assez utile :

Les mêmes notes, que l'octave inférieure vous montrait à cheval sur les lignes, occupent ici les interlignes ; et celles qui étaient emprisonnées entre les lignes se trouvent traversées par elles. Ce changement s'arrête au *do*, double-octave, qui recommence la première disposition...

Clé de fa, *4ᵉ ligne.*

Gamme à double-octave, servant de guide-âne.

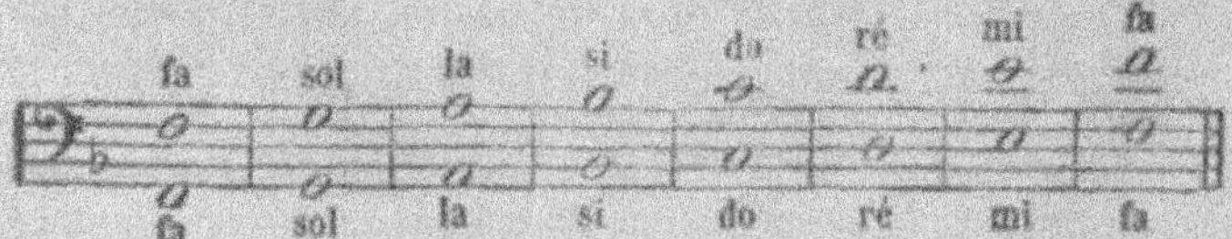

Voici maintenant les notes à nommer en consultant l'exemple ci-dessus.

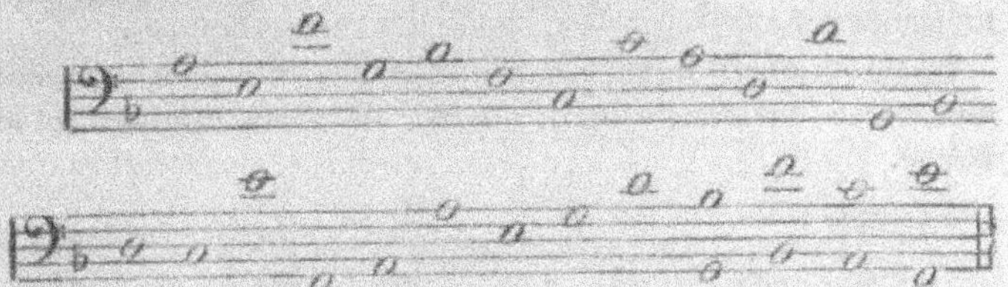

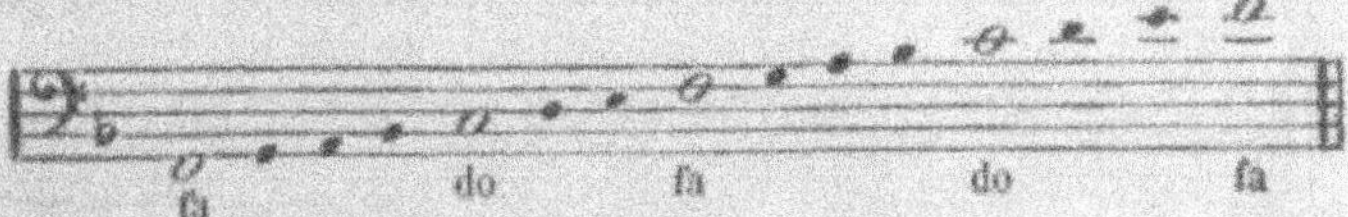

Les principaux jalons, épars dans ce casier général, sont :

On voit que la clé de *fa*, 4ᵉ ligne, donne le *nom* des notes une tierce au dessus de la clé de *sol*.

Exemple :

Quant au *son* des notes, c'est différent.
Voici le rapport exact qui existe entre les deux diapasons.

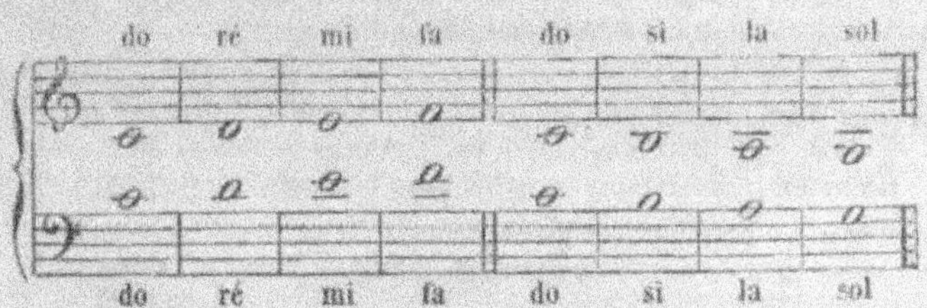

Il est clair que le *do* de la clé de *sol*, bien qu'il soit au dessous de la portée, doit produire le même *son* que le *do* de la clé de *fa*, juché au dessus des lignes.

Il est donc très facile d'apprendre la clé de *fa*, 4ᵉ ligne, quand on sait la clé de *sol* parfaitement. Il suffit pour cela de nommer la note, d'abord comme si elle était écrite à la clé de *sol*, puis de monter une tierce pour trouver son nom à la clé de *fa*.

Quand on est familier avec ces deux clés, on arrive à la connaissance des autres par la méthode des rapprochemens.

La clé de *do*, 1ᵣ ligne, par exemple, donne le *nom* des notes une tierce au dessous de la clé de *sol* : son diapason est le même.

Exemple :

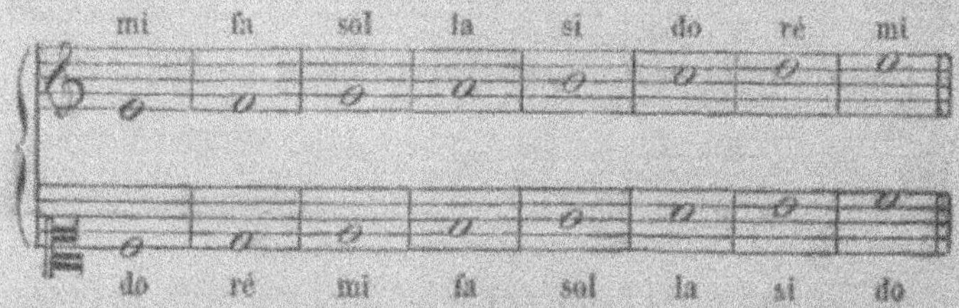

Il est urgent de se rappeler sans cesse la clé de *fa*, 4ᵉ ligne, quand on veut arriver à bien connaître la clé de *do*, 2ᵉ ligne, qui donne le *nom* des notes une seconde au dessus.

Exemple :

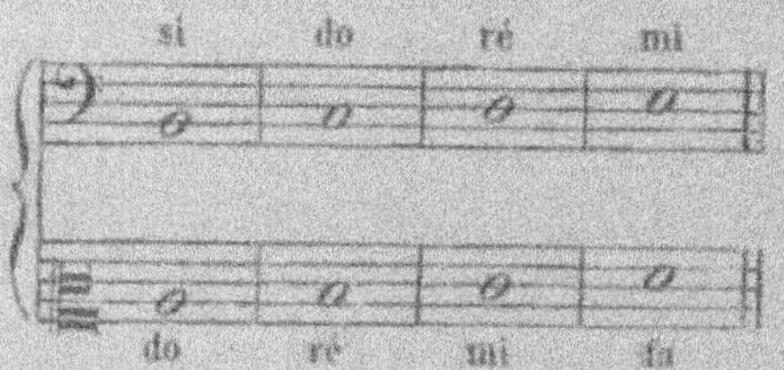

Quant au *son* des notes, il se trouve naturellement ici une neuvième au dessus de celles de la clé de *fa*.

La clé de *do*, 3ᵉ ligne, s'apprend par la clé de *sol* : elle donne le *nom* des notes un degré plus haut.

Exemple :

La clé de *do*, 4° ligne, également : elle donne le nom des notes un degré plus bas.

Exemple :

A l'œil, le diapason de ces deux clés de *do* semble le même que celui de la clé de *sol* ; mais, par le fait, il est une octave au dessous.

Exemple d'un *unisson* exécuté par un soprane, un ténor et une basse, chacun dans leur sphère naturelle.

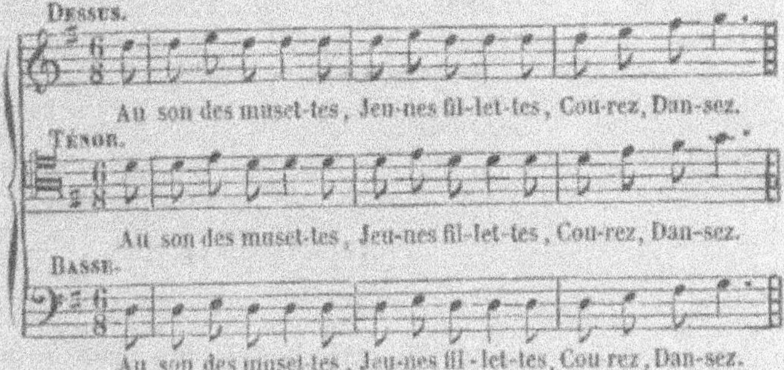

Le ténor chante une octave au dessous du soprane et une au dessus de la basse : la basse chante deux octaves au dessous du soprane et une au dessous du ténor.

Il nous reste à parler de la clé de *fa*, 3° ligne, qui donne le *nom* des notes une tierce au dessus de la clé de *fa*, 4° ligne. C'est donc à cette dernière qu'il faut d'abord songer pour bien apprendre la première.

Exemple :

Il y a sympathie entre ces deux clés : les mêmes notes, écrites à l'une ou à l'autre, produisent un *véritable* unisson...

— Très bien, très bien ! la lumière s'est faite. Désormais il ne sera plus pardonnable d'ignorer une seule des sept clés.

QUINZIÈME ENTRETIEN.

—

— Dites-nous à quoi la connaissance de toutes les clés est particulièrement nécessaire.

— A la transposition.

— Qu'est-ce que la transposition ?

— C'est l'action de changer le ton dans lequel un morceau de musique est écrit.

— Y a-t-il plusieurs manières de transposer ?

— Il y en a deux. La première consiste dans la supposition d'une autre clé, d'une autre armure et d'autres notes sur le cahier, à l'instant même où l'on déchiffre : c'est la *transposition à vue*.

La seconde consiste à recopier le morceau dans le ton nouveau qu'on veut substituer à l'ancien. On ne change pas la clé, mais on y ajoute ou l'on y retranche les dièses ou les bémols nécessaires à cette transformation : c'est la *transposition écrite ou préparée*.

Exemple de la transposition à vue :

(En *do*)

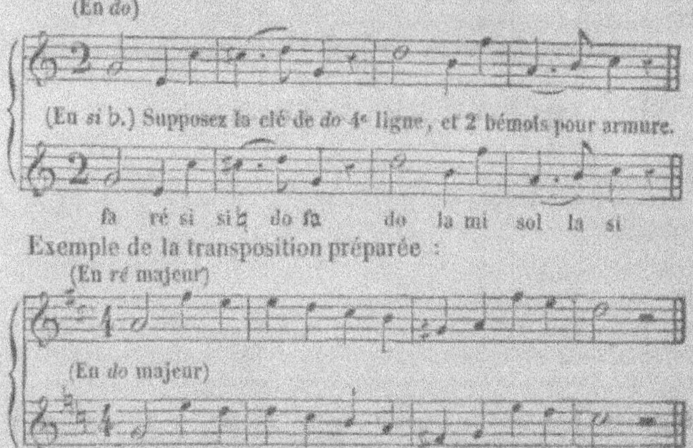

Exemple de la transposition préparée :

(En *ré* majeur)

(En *do* majeur)

Dès le deuxième entretien nous avons fait entrevoir la transposition par le moyen des clés.

En voici la preuve plus complète.

Cet exemple vient corroborer tout ce que nous avions déjà dit sur ce sujet.

— Les morceaux de piano n'exigent-ils pas une transposition double ?

— Oui.

— Quelles sont les règles générales à suivre pour cette transposition ?

— Nous allons les donner à l'instant : une petite réflexion, tout d'abord.

Personne n'ignore que la musique de piano s'écrit généralement à la clé de *sol* pour la main droite, et à la clé de *fa*, quatrième ligne, pour la main gauche. Il faut donc, quand on veut transposer, changer deux clés à la fois, ce qui constitue réellement une transposition double. Voici les règles à suivre pour ce travail difficile :

Si l'on élève le morceau d'un degré (une seconde), et que l'on change, par conséquent, la clé de *sol* en clé de *do*, troisième ligne, il est nécessaire de remplacer celle de *fa*, quatrième ligne, par celle de *do*, deuxième ligne.

Exemple :

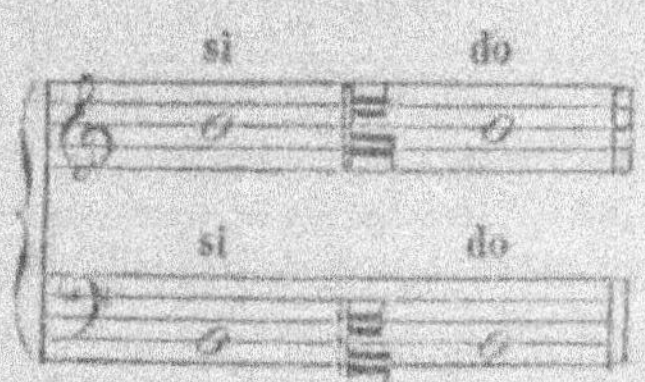

Si on élève le morceau de deux degrés (une tierce), la clé de *sol* est remplacée par celle de *fa*, quatrième ligne, et la clé de *fa*, quatrième ligne, par celle de *fa*, troisième ligne.

Exemple :

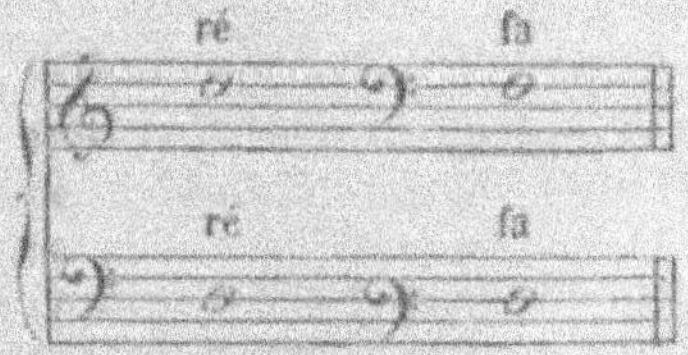

Si on l'élève de trois degrés (une quarte), la clé de *sol* est remplacée par celle de *do*, deuxième ligne, et la clé de *fa*, quatrième ligne, par celle de *do*, première ligne.

Exemple :

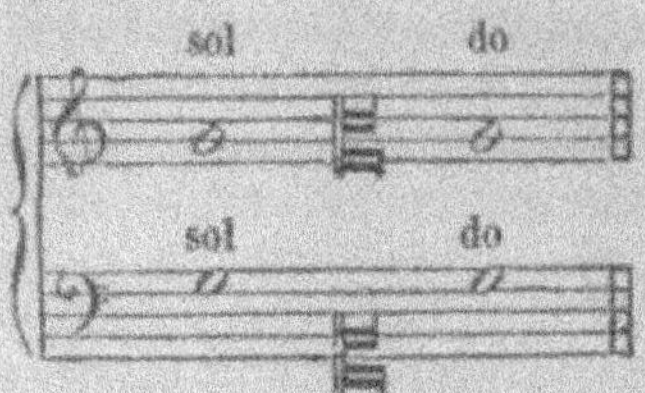

Si l'on abaisse le morceau d'un degré, la clé de *sol* cède la place à celle de *do*, quatrième ligne, et la clé de *fa*, quatrième ligne, à celle de *do*, troisième ligne.

Exemple :

Transposition à deux degrés plus bas.

Transposition à trois degrés plus bas.

— C'est assez. Nous sommes édifiés sur cette matière. Allons plus loin. Déjà nous devons connaître sur le bout du doigt tout ce qui a rapport à l'écriture musicale et à la lecture rhythmique sur les sept clés. Ne nous reste-t-il pas quelque chose à dire sur *l'intonation* ? N'avons-nous pas négligé de parler de l'*altération* des intervalles et de leurs *renversemens* ?

— Oui.

— Commencez donc par nous expliquer ce qu'il faut entendre par le mot *intonation* ?

— « C'est, d'après le docteur Lichtenthal, l'action de prendre,
» de saisir un ton en se réglant sur le son d'un instrument, ou
» sur la connaissance que l'on a de l'ordre des divers degrés de
» l'échelle. »

La définition suivante offre un sens plus applicable au cas présent.

« L'intonation, dit le même auteur, est cette propriété des
» sons, qui agit de manière à ce qu'ils deviennent des tons,
» c'est à dire à ce qu'ils diffèrent du grave à l'aigu. » Donc on *chante juste* ou *faux* selon qu'on observe ou qu'on enfreint les lois qui régissent l'intonation.

— Et comment arriver, avec la voix seule, sans le secours d'une harpe ou d'un piano, par exemple, à produire exactement toutes les variétés de sons contenues dans l'étendue de l'instrument humain ?

— Par l'étude sérieuse et prolongée des intervalles et de leurs nombreuses *altérations*.

— Est-ce que chacun des intervalles naturels de la gamme peut être augmenté ou diminué, mineur ou majeur ?

— Certainement.

— Donnez-nous de ces variations une explication claire et précise.

— Rien n'est plus facile.

La *seconde* peut être mineure, majeure ou augmentée.

La *tierce*, diminuée, mineure ou majeure.

La *quarte*, diminuée, inaltérée ou augmentée.

La *quinte*, diminuée, inaltérée ou augmentée.

La *sixte*, mineure, majeure ou augmentée.

La *septième*, diminuée, mineure ou majeure.

L'*octave* est inaltérable.

Exemple :

La quarte augmentée s'appelle aussi τρίτο, de τρίτονον, composé de τρεῖς, trois, et τόνος, ton. En effet, cet intervalle est formé de trois tons.

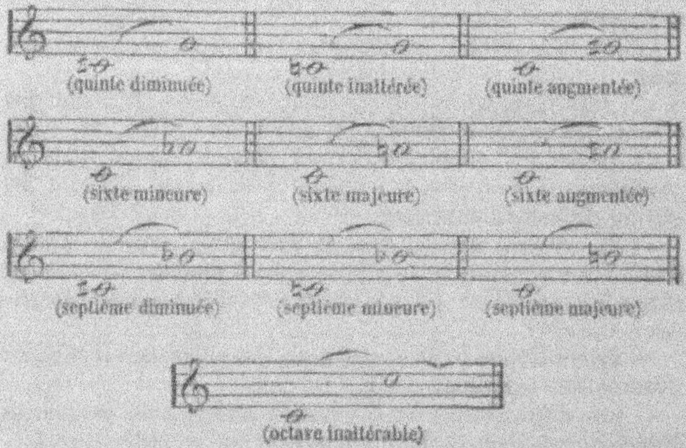

Toutes ces altérations enrichissent considérablement l'échelle vocale : elles s'emploient surtout dans le passage d'une gamme majeure à *son mineur*, ou d'un ton à un autre. Nous savons déjà qu'il suffit d'altérer la tierce et la sixte pour changer le mode, et que, par la suppression ou la formation d'une septième sensible, on se trouve accidentellement chez le voisin de gauche ou de droite.

Remettons en lumière cette vérité fondamentale.

Quand vous êtes en *do* majeur, glissez furtivement un *si* bémol, effectuez un repos harmonique sur le *la*; le tour est fait : vous vous trouvez en *fa* majeur. Le *si* bécarre avait pour basse d'accompagnement, *sol* grave, et montait au *do* octave, tandis que ce *sol* allait trouver le *do* tonique. Le *si* bémol prend pour basse *do* grave et descend au *la*, tandis que ce *do* monte au *fa*, qui lui-même est la basse naturelle de *la*.

Opérez d'une autre manière.

Supposez que vous êtes encore dans la gamme-modèle. Placez adroitement un *fa* dièse, grimpez au *sol* et asseyez-vous là. Vous avez abandonné le ton de *do*; vous vous trouvez en *sol* majeur. Le *fa* bécarre avait, pour basse d'accompagnement, *sol* grave, et descendait sur le *mi* tandis que ce *sol* montait au *do*, basse naturelle du *mi*. Le *fa* dièse prend pour basse *ré* d'en bas,

et monte au *sol* octave, tandis que ce *re* va gagner le *sol*, tonique actuelle.

Ces diverses métamorphoses s'opèrent tout simplement,
comme vous le voyez, par l'altération des intervalles. L'exemple
suivant appuiera le précepte.

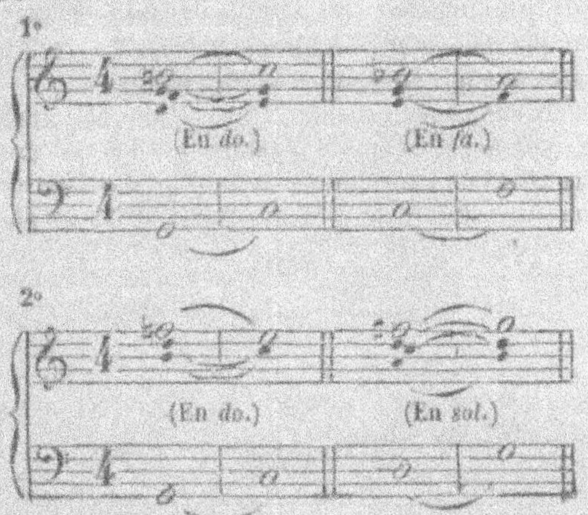

— Très bien. Vous voyez donc que, pour solfier avec assu-
rance et ne pas se trouver arrêté par le moindre dièse ou bémol
arrivant à l'improviste, il est absolument nécessaire de bien
comprendre les altérations d'intervalles et de saisir au vol les
changemens de ton ou de mode qu'elles amènent sans cesse. En
effet, pourquoi l'élève hésite-t-il à attaquer tel passage? Parce
qu'il ne le comprend pas; parce qu'il ne sait pas dans quelle route
il entre et comment il faut y entrer. Un excellent lecteur, comme
Alexis Dupont, par exemple, songe beaucoup moins à la note
qu'aux sinuosités harmoniques décrites par la phrase entamée
ou celle qui suit. Une tonique, une quarte ou une quinte altérées
sont pour lui des points lumineux qui lui annoncent un nouveau
pays. Il a toujours devant les yeux la carte routière. Jamais il
ne s'égare, ne tombe dans le précipice. Pourquoi cela? Parce
qu'il sait à l'avance tous les sentiers qu'un *ton premier et dernier*
peut parcourir ; quels parens il aime à visiter ; quels voisins il
fréquente.

On ne peut donc trop se rappeler ce que nous avons dit de
l'enchaînement, de la fraternité des gammes.

Quand on a la voix juste et qu'on est dégrossi sur la mesure
et les intonations, le secret, pour devenir habile lecteur, est là
tout entier.

L'expérience nous permet de l'affirmer sans crainte d'être démenti.

Que les professeurs de solfége restent donc bien pénétrés de cette vérité ; qu'ils essayent de la mettre en pratique, comme le fait depuis longues années l'un des plus capables, M. Panseron, et certes ils seront surpris des progrès de leurs élèves.

Voici ce que nous leur conseillons de faire. La recette est de notre maître et ami, Lesueur, d'illustre mémoire.

Dès qu'un enfant peut monter et descendre aisément les degrés de la gamme, il est bon d'habituer de suite son oreille aux principaux effets de l'harmonie ; de lui faire *détailler* les accords avec la voix en manière de prélude et puis de les lui *plaquer* sur le piano.

Exemple :

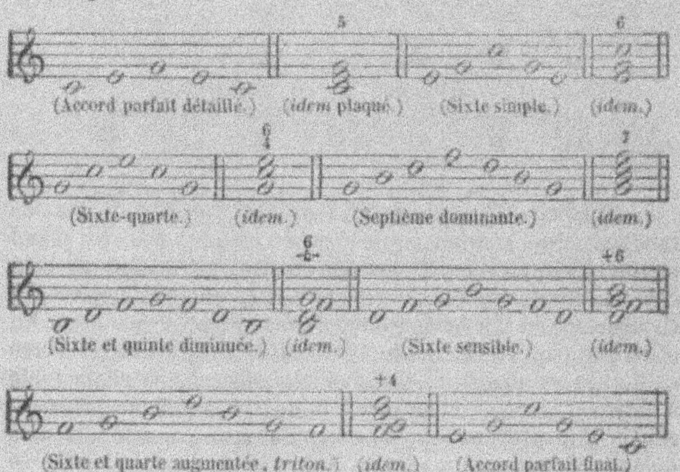

Cet exercice, répété dans les tons majeurs et mineurs les plus usuels, produit les meilleurs résultats.

Le maître ne doit pas oublier de soutenir lui-même le son de la première note de l'accord pendant que l'élève se promène sur les autres. Nous supposons un professeur ayant de la voix et ne donnant pas leçon de vocale avec un violon, comme cela se pratique trop souvent.

Quand cette étude préliminaire est exécutée couramment par le chanteur novice, il faut le faire voyager dans différens tons en lui donnant le temps de reconnaître les substitutions d'accords, les changemens de *rails*.

Exemple :

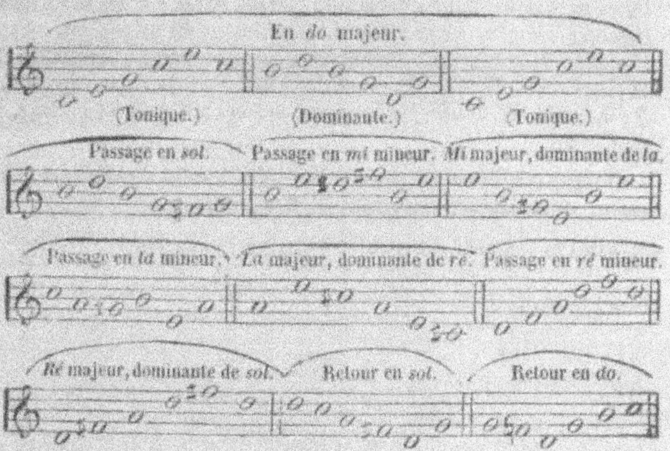

On fait aussi répéter cet exercice dans les tons majeurs et mineurs les plus usités, et lorsque l'élève en est arrivé à le pratiquer sans peine, il doit avoir une bien plus grande facilité pour déchiffrer des solféges...

A votre tour. Que reste-t-il à connaître pour arriver sûrement au but ?

— Deux choses.

— Lesquelles ?

— Le renversement des intervalles et la dictée.

— Qu'est-ce que renverser un intervalle ?

— C'est transporter la note supérieure à son octave en dessous ou la note inférieure à son octave en dessus. Par exemple, de *do* à *mi*, en montant, il y a une tierce : eh bien ! en déplaçant le *mi* et le mettant à son octave en bas, on obtient une sixte, et le *do*, qui était note inférieure, devient note supérieure. Voyez plutôt.

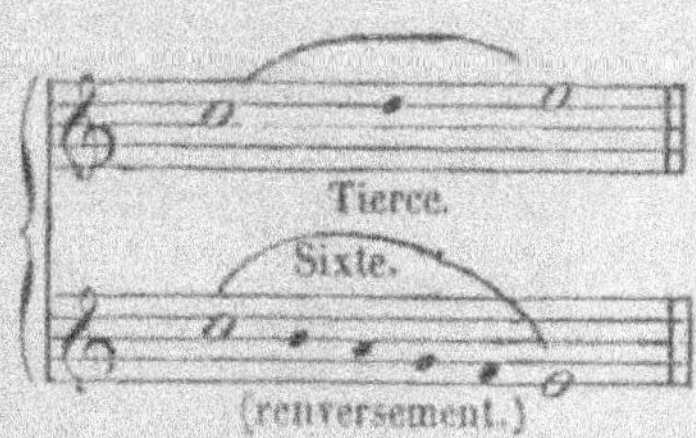

On est convenu de chiffrer chaque intervalle. C'était d'ailleurs nécessaire pour l'harmonie qui est basée sur les mathématiques. L'*unisson*, qui se forme de deux notes du même son ou sur le même degré, prend le chiffre 1; la *seconde* prend le chiffre 2; la *tierce*, le chiffre 3 ; la *quarte*, le chiffre 4 ; la *quinte*, le chiffre 5 ; la *sixte*, le chiffre 6 ; la *septième*, le chiffre 7, et l'*octave*, le chiffre 8.

Chaque chiffre d'un intervalle, joint à celui de son renversement, doit former, par addition, le nombre 9.

Ainsi la seconde renversée devient une septième.

Exemple :

Additionnons :

7 et 2 font 9.

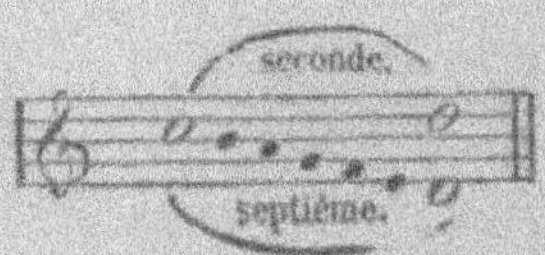

La tierce renversée devient une sixte. Exemple :

6 et 3 font 9.

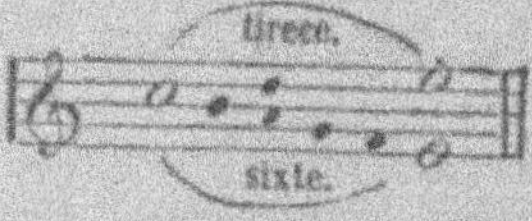

La quarte renversée devient une quinte. Exemple :

5 et 4 font 9.

La quinte renversée devient une quarte. Exemple :

4 et 5 font 9.

La sixte renversée devient une tierce. Exemple :

3 et 6 font 9.

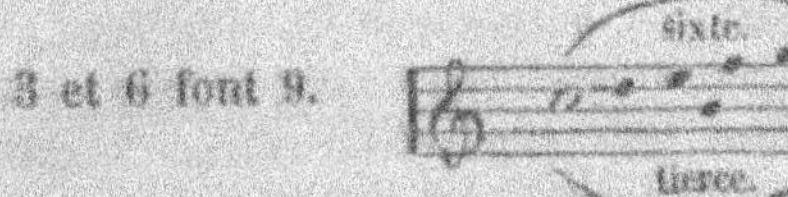

La septième renversée devient une seconde. Exemple :

2 et 7 font 9.

L'octave renversée devient un unisson, c'est à dire que le son aigu de l'intervalle non renversé vient se fondre, par cette transposition, avec le son central ou point de départ. Exemple :

1 et 8 font 9.

De même que le chiffre indicateur d'un intervalle, additionné avec le chiffre de son renversement, doit toujours donner le nombre 9 ; de même aussi les tons dont se compose l'intervalle non renversé, joints à ceux que renferme son renversement, doivent toujours fournir, par une semblable opération, cinq tons et deux *limma* (soit 7 tons, dont 2 plus petits que les autres), produit de la gamme ou échelle diatonique.

Ainsi, par ce moyen, il est facile de savoir de combien de tons se compose le renversement d'un intervalle, quand on connaît le nombre de ceux que renferme l'intervalle non renversé. Car, lorsqu'on a trouvé la quantité de tons qu'il y a de la note *centrale* à la note supérieure de l'intervalle non renversé, puisque cette note supérieure est toujours transportée à son octave en bas (l'inverse serait possible mais prouverait la même chose), le reste des tons qu'il faut pour former les cinq tons et les deux *limma* de l'échelle diatonique, doit composer le renversement de cet intervalle. Prenons la tierce majeure de *do* à *mi* : cette tierce contient deux tons ; renversez-la, vous en faites une sixte mineure : comme cette sixte se trouve dans la même octave que la tierce et qu'on n'a besoin que de cinq tons et deux *limma* pour toute la gamme, elle devra donc se composer de trois tons et deux *limma* qui, additionnés avec les deux tons de la tierce, produiront juste cinq tons et deux limma.

Exemple :

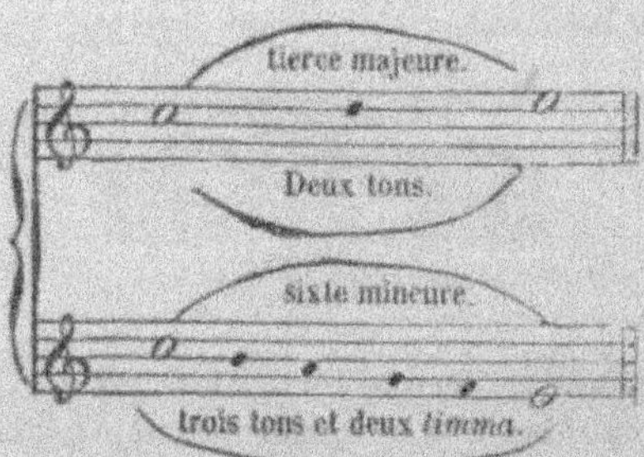

La même opération s'applique à tous les intervalles.

— Ceci nous semble facile à saisir...

A demain la continuation de cette intéressante étude. Aimables lectrices, nous n'avons plus qu'une étape pour arriver au terme du voyage.

SEIZIÈME ET DERNIER ENTRETIEN.

Aimables lectrices, je n'abuserai plus bien long-temps de vos précieux loisirs. Quelques pas encore et nous aurons touché le but. En vérité, je ne puis m'en réjouir, car je voyageais agréablement au milieu de ma charmante cohorte ! Mais hélas ! tout finit dans ce monde ! le bonheur est de courte durée ! vous vous cramponnez à la joie ? Le Temps passe et l'emporte sur ses ailes !.....

— « Mon ami, mon ami, la tristesse n'est pas encore de » saison. N'endors pas ton auditoire à la dernière séance. Per- » sonne ne voudrait plus te suivre dans une seconde excursion. »

— C'est vrai.....

— Faites-nous connaître le renversement des modifications d'intervalles ?

— Le tableau suivant vous l'indiquera d'une manière exacte.

La seconde min. renversée devient une septième maj.

La seconde maj. renversée devient une septième min.

La seconde augm. renversée devient une septième diminuée.

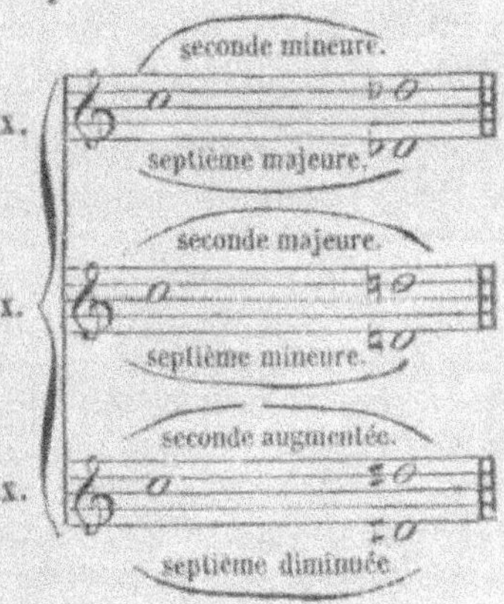

La tierce dimin. renversée devient une sixte augmentée. [Ex.

La tierce min. renversée devient une sixte maj. Ex.

La tierce majeure renversée devient une sixte min. Ex.

La quarte dimin. renversée devient une quinte augmentée. Ex.

La quarte inaltérée renversée devient une quinte inaltérée. Ex.

La quarte augm. renversée devient une quinte dimin. Ex.

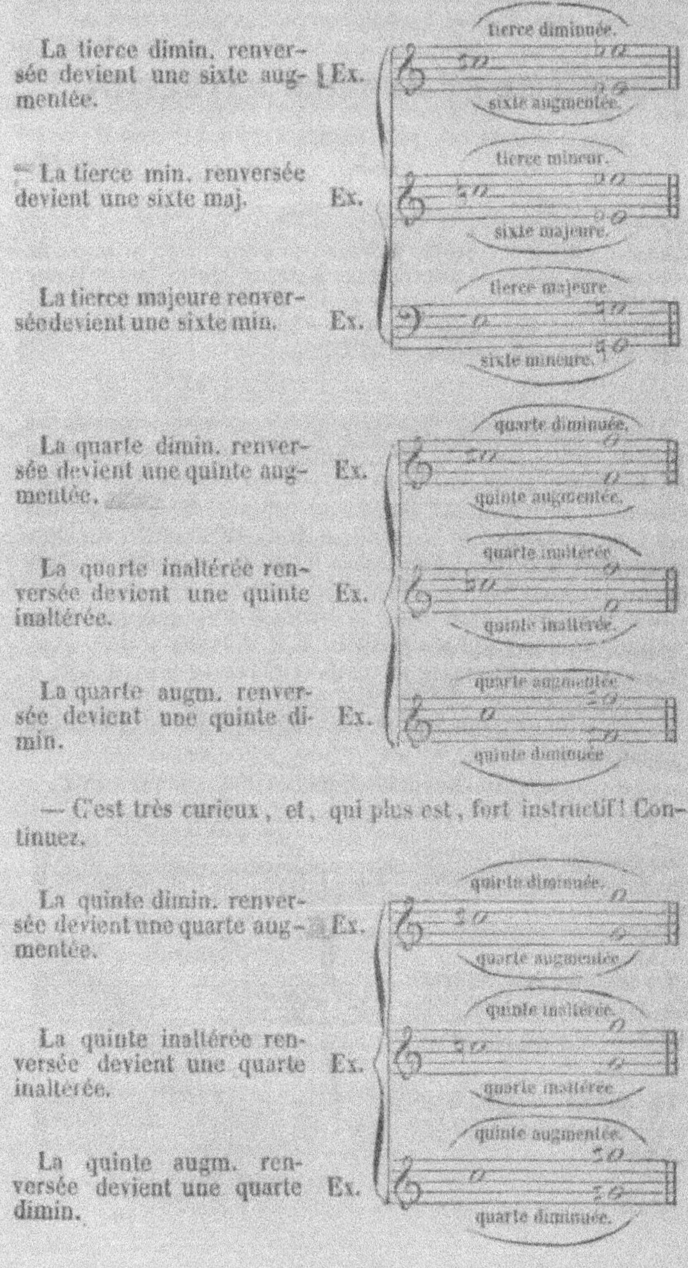

— C'est très curieux, et, qui plus est, fort instructif ! Continuez.

La quinte dimin. renversée devient une quarte augmentée. Ex.

La quinte inaltérée renversée devient une quarte inaltérée. Ex.

La quinte augm. renversée devient une quarte dimin. Ex.

La sixte min. renversée
devient une tierce majeure.   Ex.

La sixte maj. renversée
devient une tierce min.   Ex.

La sixte augm. renver-
sée devient une tierce dimin.   Ex.

— Vous nous faites un véritable cours de mathématiques.
Allez donc dire que la musique est un simple art d'agrément !...
Mais nous vous arrêtons : achevez cet intéressant tableau.

La septième dimin. ren-
versée devient une seconde   Ex.
augmentée.

La septième min. renver-
sée devient une seconde   Ex.
majeure.

La septième maj. renver-
sée devient une seconde   Ex.
min.

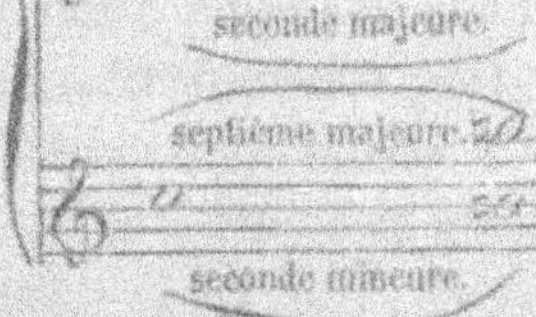

L'octave inaltérable devient toujours, par le renversement,
un parfait unisson.

— Bravo !... Cette galerie magnifique nous prouve une fois
de plus la richesse mélodique et harmonique de l'art musical.
Nous y trouvons aussi, non sans un vif contentement, le moyen
bien simple d'apprendre un intervalle difficile par un autre plus
facile dont il est le renversement, ou qui est le sien. Par exemple, vous avez à attaquer des septièmes ascendantes ou descendantes : votre inexpérience vous fait redouter encore les
sauts périlleux : avant donc de franchir ces grands espaces,
prenez vos précautions ; asseyez d'abord votre voix sur l'octave

de l'intervalle redouté , puis sautez à pieds joints sur l'intervalle lui-même.

Cette préparation peut aussi se faire mentalement. Bien entendu qu'elle est inutile aux acrobates de première force !

Voici le procédé mis à la portée de tout le monde.

Au lieu de faire de suite :   Dites

au lieu de

Dites   idem à l'inverse.

vous voyez que la connaissance des renversemens sert à quelque chose.

— Ne nous avez-vous pas dit que, pour devenir vraiment lecteur, une chose était encore indispensable, *la dictée ?*

— Oui , certainement.

— Y a-t-il plusieurs sortes de dictées musicales ?

— Il y en a trois.

— Faites-nous faire connaissance avec elles ?

— Très volontiers. 1° *la dictée rhythmique* ; 2° *la dictée solfiée* ; 3° *la dictée vocalisée.*

La première consiste à faire sentir à l'élève toute espèce de valeurs qu'on lui dicte à toutes les mesures, en en marquant les temps avec la main. Dans cet exercice les notes sont parlées et non chantées : on peut même se contenter d'une seule. Il n'est pas essentiel de faire écrire cette dictée.

La seconde donne également à deviner à l'élève toute espèce de valeurs, mais, de plus, elle l'oblige à trouver la place que les notes, représentées par ces valeurs , doivent occuper sur la portée ; car cette dictée se chante, et il doit l'écrire pour s'habituer à copier la musique, et, par là même, posséder plus à fond son casier alphabétique.

La troisième consiste à faire deviner à l'élève le son des notes en les lui chantant sur une seule voyelle. Cette dernière dictée demande, de la part du disciple, une oreille délicate. Les deux autres sont plus saisissables pour beaucoup de personnes. Du reste, la dictée vocalisée renferme la dictée rhythmique : voilà ce qui la rend doublement difficile à comprendre, et pourtant elle est bien recherchée, car elle procure des jouissances indicibles.

Vous sortez des Italiens ou de l'Opéra. Votre mémoire, encore enrichie des airs ravissans que vous venez d'entendre, va les laisser échapper : rentré dans votre cabinet, vous les écrivez à la hâte et dormez content. Le lendemain, nouveau plaisir en les répétant sur votre piano !...

Mais, à moins d'être privilégié de la nature, il faut parcourir une longue route avant d'en arriver là. Le plus sûr chemin, le voici. Commencez par donner un point de départ à l'élève en lui chantant l'accord parfait du ton : puis dictez-lui simplement des intervalles, sans mesure aucune ; après quoi vous mêlerez des valeurs faciles à ces intonations dispositives. Vous irez graduellement jusqu'aux combinaisons les plus compliquées : enfin, vous en viendrez à dicter des chants accompagnés de paroles, et la terre, ainsi cultivée, portera des fruits. Cette quatrième période, qu'on pourrait appeler *dictée chantée*, ferme la marche : elle dénote, chez celui qui la parcoure avec succès, un instinct musical très développé.

— Parfaitement dit !...

Ne poursuivons pas plus loin nos investigations. Laissons, pour un autre voyage, quelques pays à explorer. Il reste beaucoup de fleurs à cueillir dans le jardin de l'harmonie. Nous essayerons un jour d'en composer un bouquet assorti qui vous sera destiné, charmantes lectrices.

Avant de nous séparer, jetons un coup d'œil rétrospectif sur les dernières contrées visitées par notre joyeuse caravane.

Voyons si nous n'avons pas oublié quelque beau point de vue, quelque site agréable. Glanons après avoir moissonné.

— Comment peut-on altérer le son d'une note, l'élever ou l'abaisser un peu ?

— Par le dièse ou le bémol : le premier élève la note naturelle d'une *apotome* (5/9ᵐᵉˢ de ton), le second l'abaisse d'autant.

— Et quand on veut la remettre dans son état primitif ?

— On se sert du bécarre qui a la propriété de détruire l'effet du dièse ou du bémol.

— Y a-t-il plusieurs sortes de dièses ou de bémols?

— Il y en a deux : les fixes et les accidentels : les premiers se placent à la clé pour constituer le ton, et altèrent, pendant tout le morceau, les notes dont ils occupent les lignes ou les interlignes ; les seconds s'emploient dans le courant du morceau, soit par euphonie, soit pour changer accidentellement le ton ou le mode : ils n'ont de valeur que dans la mesure où ils se trouvent.

— Combien y a-t-il de dièses et de bémols?

— Il n'y a qu'un dièse et qu'un bémol, en réalité, mais ils ont, chacun, sept positions différentes, puisqu'ils prennent le nom des sept notes de la gamme, toutes susceptibles d'être altérées par eux.

— Suivent-ils l'ordre des degrés de l'échelle diatonique?

— Non : ils se placent de quinte en quinte en montant (les dièses), ou de quinte en quinte en descendant (les bémols).

— Pourquoi cet ordre?

— Parce qu'ils doivent suivre la marche des tons diésés ou bémolisés qui se succèdent de la sorte. Le *fa* dièse est à la tête de ses pareils, parce que c'est lui dont on a besoin d'abord : les autres apparaissent à mesure qu'ils sont nécessaires pour la formation des gammes.

Voici toute la troupe :
fa dièse, *do* dièse, *sol* dièse, *re* dièse, *la* dièse, *mi* dièse, *si* dièse.

Le *si* bémol marche avant ses semblables par la même raison.

Voici le petit régiment :
si bémol, *mi* bémol, *fa* bémol, *re* bémol, *sol* bémol, *do* bémol, *fa* bémol.

— Qu'est-ce qu'un double-dièse?

— C'est un signe qui hausse encore d'une *apotome* une note déjà diésée.

— Qu'est-ce qu'un double-bémol?

— C'est un signe qui abaisse encore d'une *apotome* une note déjà bémolisée.

— Se placent-ils à la clé ?

— Non.

— Pourquoi ?

— Parce qu'il y a déjà autant de dièses et de bémols simples que de notes dans la gamme.

— A quoi servent-ils donc ?

— Les premiers à former la septième sensible accidentelle des tons mineurs armés d'un grand nombre de dièses : les seconds s'emploient dans les passages enharmoniques et euphoniques.

— Y a-t-il des doubles-bécarres ?

— Non : car on ne passe jamais tout-à-coup, d'une note doublement diésée ou doublement bémolisée, à la note naturelle ; et, lors même qu'il en serait ainsi, le bécarre simple remplirait très bien la place.

— Qu'entend-on par *tonalité* ?

— On entend la *constitution*, la *construction* même des gammes.

Quand on vous dit : « Cette romance est dans le *ton de sol* »; que veut-on dire ?

— Tout simplement que l'air en question est composé des élémens de la gamme de *sol*.

— Qu'est-ce qui sert de fondement à la gamme, quelle est sa charpente ?

— Ce sont les *tonales* ou notes qui constituent le ton, savoir : la tonique, la quarte et la quinte.

— Qu'est-ce qui constitue le *mode* ou manière d'être du ton ?

— Ce sont les *modales* qui déterminent le majeur quand elles sont à une tierce majeure des *tonales*, et le mineur quand elles ne sont qu'à une tierce mineure de ces mêmes *tonales*.

— Combien y en a-t-il ?

— Trois : la tierce, la sixte et la septième.

— Quel est le modèle des gammes majeures ?

— *Do* naturel.

— Et des gammes mineures ?

— *La* naturel.

— Énumérez les gammes majeures et mineures avec dièses ou bémols, et dites l'ordre dans lequel elles se suivent ?

— Avec dièses. . . .	7 gammes majeures.
idem.	7 mineures.
Avec bémols.. . .	7 majeures.
idem.	7 mineures.
Report.	2 gammes modèles.

Total. . . 30

Les tons diésés se succèdent de quinte en quinte, en montant; les tons bémolisés de quinte en quinte, en descendant.

— Pourquoi ?

— Parce que c'est l'ordre progressif dans lequel ils se dénaturent de plus en plus.

Sol majeur, par exemple, qui est à une quinte au dessus de *do*, demande un dièse pour se modeler sur cette gamme type ; *re* majeur, une quinte au dessus de *sol*, en demande deux ; *la* majeur, une quinte au dessus de *re*, en demande trois, etc.

Fa majeur, sous-dominante de *do*, ne peut se passer d'un bémol s'il veut marcher sur les traces de son maître : *si* bémol, une quinte au dessous de *fa*, n'en réclame pas moins de deux ; *mi* bémol, une quinte au dessous de *si* bémol, en exige trois, etc.

— Très bien. Nous devons être à cheval maintenant sur la construction et la marche des gammes. N'existe-t-il pas entre elles quelques liens de parenté.

— Beaucoup.

— On peut donc passer des unes dans les autres ?

— Oui.

— Par quel moyen ?

— En formant ou en détruisant accidentellement des septièmes sensibles : c'est ce qu'on appelle improprement *moduler*. Ainsi la modulation, suivant l'acception vulgaire, n'est autre chose que la préparation régulière d'un changement de ton ou de mode.

— Dites-nous les diverses manières de reconnaître dans quel ton est écrit un morceau de musique ?

— Voici d'abord les anciennes : regarder l'armure.

— Et s'il n'y en a pas ?

— Alors on ne peut être qu'en *do* majeur ou en *la* mineur.

— Continuez ?

— S'il y a des dièses à la clé , prendre le dernier pour septiè-me sensible.

S'il y a plusieurs bémols, choisir l'avant-dernier pour tonique ; s'il n'y en a qu'un , descendre quatre degrés pour trouver cette même tonique.

Vous distinguerez le mineur relatif du ton majeur dont il dé-rive en apercevant un signe altératif à la quinte de ce dernier, laquelle deviendra la septième sensible du premier. Si, au con-traire, la dominante du majeur est intacte, vous serez sûr de ne pas être dans le mineur relatif.

Voici d'autres manières, peut-être plus certaines encore.

Chercher d'abord, à l'entrée du morceau , l'accord parfait du ton : voir si sa première tierce est majeure ou mineure ; et, dans le cas où sa quinte serait altérée , s'assurer si c'est bien une septième sensible accidentelle ou seulement une décoration eu-phonique , une sorte d'appoggiature. Mais surtout découvrir la note fondamentale de la basse qui , parfois , se cache au pre-mier regard. Puis , si tous ces jalons manquent à la fois, pour-suivre un peu son chemin , et les indices ne tarderont pas à se montrer.

— Combien y a-t-il de manières d'exécuter la musique vocale ?

— Trois : la première consiste à donner aux sons le nom des notes qu'elles représentent ; la seconde à les émettre sur une seule voyelle ; la troisième à les accompagner de paroles.

— Est-il difficile d'apprendre à solfier ?

— Sans doute, puisqu'il faut songer à la fois au nom des no-tes, à leur intonation et à leur durée.

— Est-il possible de devenir bon lecteur en s'exerçant seul, au moyen d'un instrument ?

— Avec des dispositions extraordinaires, oui, sans cela , non. Il est même imprudent, pour un grand nombre, d'étudier quand le professeur n'est pas là , prêt à les remettre dans la bonne voie, s'ils attaquent la note à côté du ton. Autrement, qui les avertira ? Le piano ! Mais, d'abord , il est rarement bien juste, puis les novices, dont l'oreille ne peut être exercée, croiront imiter la note de l'instrument tandis qu'ils l'écorcheront.

— Est-il dangereux de forcer sa voix ?

— Très dangereux. C'est le vrai moyen de la perdre ou de la fausser. Il faut chanter naturellement, sans effort : avoir le talent d'aspirer avec mesure un volume d'air assez considérable pour alimenter les poumons ; puis ne pas le lâcher tout à la fois ; le retenir quand il s'échappe : ouvrir la bouche comme pour sourire ; desserrer les dents, abaisser la langue le plus possible, et laisser un libre passage au son qui ne doit jamais être tiré de la gorge.

— Est-il nécessaire de connaître toutes les clés ?

— Oui, si l'on veut être excellent musicien et transposer à volonté ; ce qui est fort utile, surtout pour les pianistes accompagnateurs.

— La dictée ne produit-elle pas aussi de beaux résultats ?

— Oh ! certainement.

Quand un élève, doué de quelques dispositions naturelles, a suivi, pendant long-temps, des dictées raisonnées sur tous les rhythmes et intonations imaginables, et qu'il a solfié, sur toutes les clés, les leçons les plus compliquées, il peut se regarder comme parfait musicien, et jouir tout à son aise, du plaisir de lire une partition comme un littérateur le ferait d'une page de Lamartine ou de Châteaubriand...

Charmantes lectrices, ma tâche est finie ; la vôtre commence. Ce n'est pas assez de m'avoir encouragé par votre aimable présence et ce gracieux sourire que tout le monde envie : je vous demande, comme dernière faveur, de vouloir bien remplir, auprès de vos jolies petites filles, le rôle de répétitrices : de les interroger souvent sur cette théorie-pratique que j'ai composée tout exprès pour elles.

Vous concourrez ainsi, d'une façon toute-puissante, à la propagation d'un art attrayant et moralisateur...

Voici l'heure des adieux : c'est un cruel moment ; je le déteste de toute mon âme, et l'appellerais volontiers le quart d'heure de Rabelais.

Au commencement de cet entretien, un nuage de tristesse avait passé sur mon front, mais sans s'y arrêter ; j'avais encore quelques moyens de m'étourdir ; hélas ! le voilà revenu plus gros et plus sombre, et je ne sais comment le chasser !...

Assez ordinairement le voyageur aspire au terme de sa course ; c'est comme un point lumineux qu'il cherche dans l'espace.

Aussitôt qu'il peut l'apercevoir, il se réjouit et redouble de vitesse. Je m'explique cette impatience quand on est seul ou en compagnie de gens fort ennuyeux, ce qui rend trop long le voyage le plus court.

Quant à moi, j'avoue que je ne suis pas gai, tant s'en faut, en voyant le but, là, devant mes yeux ; j'aurais voulu le reculer encore, le reculer toujours.

C'est de l'égoïsme raffiné, je le sais bien ; mais, que voulez-vous ? Je suis ainsi fait ; je m'en confesse hautement ! Eh ! mon Dieu ! n'est-il pas dans la nature de l'homme d'aimer à s'entourer de visages riants, à recueillir leurs moindres signes approbateurs, à se parfaire au contact de ces natures fines et délicates qui font honneur à l'humanité ? Quel voyageur ne marcherait pas sans fatigue et sans ennui, dans les sentiers les plus ardus, les ravins les plus profonds s'il était éclairé par une pléiade de ces astres charmans, à la lumière douce et bienfaisante ? Qui donc n'affronterait pas les sables du désert, quand il est entouré d'une aimable caravane dont la vue le soutient et l'égaye ? Oh ! alors, une course au bout du monde semble une promenade aux Tuileries ; une année, c'est un jour, une heure, un instant.

Voilà précisément le cas où je me trouve et pourquoi je m'attriste quand je songe que l'heure de la séparation va sonner.

Lorsque j'ai levé l'étendard, une petite troupe ravissante est venue se ranger sous mes drapeaux, et m'a suivi dans toutes mes excursions musicales. Eh bien ! à l'heure qu'il est, il me faut abandonner mes soldats et m'en aller reprendre le soc de la charrue ! Je suis absolument dans la position d'un général qui, hier encore, conduisait ses troupes à la victoire, et qui aujourd'hui est mis à la retraite...

Je n'ai, pour toute consolation, que l'espoir d'un nouveau voyage plus important que le premier.

Je l'entreprendrais de suite, avant que ma cohorte ne fût débandée, si d'autres travaux ne réclamaient en ce moment tous mes loisirs.

Les paroissiens de Saint-Germain-l'Auxerrois ont accueilli mon *plain-chant populaire* avec tant de bienveillance ; ils le choyent si amoureusement, qu'il est de mon devoir de ne rien entreprendre avant d'avoir achevé cette œuvre immense et difficile, et d'avoir pu la mettre entre leurs mains. Plus tard, je tâcherai de rallier mes fidèles *Jeanne d'Arc*, et, protégé par elles, j'essaierai de faire irruption dans les Etats de *Dame Harmonie* ; j'emploierai toutes les ruses pour pénétrer dans les secrets les plus intimes de cette princesse altière, et déchirer le voile qui cache ses traits au vulgaire !...

Au revoir donc, aimables lectrices, et non point adieu...

FIN.

TABLE DES MATIÈRES.

TREIZIÈME ENTRETIEN.

QUATORZIÈME ENTRETIEN.

QUINZIÈME ENTRETIEN.

SEIZIÈME ET DERNIER ENTRETIEN.

FIN DE LA TABLE DES MATIÈRES.

www.ingramcontent.com/pod-product-compliance
Ingram Content Group UK Ltd.
Pitfield, Milton Keynes, MK11 3LW, UK
UKHW022025170726
13837UKWH00001B/408